Agneta Zetterström

Individuelle Entwicklungspläne

Schüler optimal begleiten und fördern

Das schwedische Modell

Verlag an der Ruhr

Impressum

Titel der schwedischen Originalausgabe: Att arbeta med IUP
Pedagogisk dokumentation och individuella utvecklingsplaner för förskolan och skolan
Handboken + Kopieringsunderlarget

© **der schwedischen Originalausgabe:** Gleerups Utbildning AB, 2006

Titel der deutschen Ausgabe:
Individuelle Entwicklungspläne
Schüler optimal begleiten und fördern – das schwedische Modell

Autorin: Agneta Zetterström

Übersetzung: Alexandra von Weber Essle

Bearbeitung für Deutschland: Verlag an der Ruhr

Druck: Druckerei Uwe Nolte, Iserlohn

Verlag:
Verlag an der Ruhr
Alexanderstraße 54 – 45472 Mülheim an der Ruhr
Postfach 10 22 51 – 45422 Mülheim an der Ruhr
Tel.: 02 08 / 439 54 50 – Fax: 02 08 / 439 54 239
E-Mail: info@verlagruhr.de
www.verlagruhr.de

© **der deutschen Ausgabe**
Verlag an der Ruhr 2007

ISBN 978-3-8346-0261-9

geeignet für **alle Altersstufen**

Gedruckt auf chlorfrei gebleichtes Papier.

Die Schreibweise der Texte folgt der neuesten Fassung der Rechtschreibregeln –
gültig ab August 2006.

Vorwort zur deutschen Ausgabe..........................6
Vorwort der Autorin 8
Zum Aufbau des Buches....................................10

Theoretischer Teil

Unser Bildungsauftrag 13
Der Auftrag des Kindergartens und der Schule ❊ Die Bedeutung der Rahmenpläne ❊ Vom Wort zur Handlung – von der Vision zum Alltag – IEP ❊ Die Fächer in Teilbereiche untergliedern

Unser Wertegrund 19
Die goldene Regel – fange bei dir selbst an ❊ Unterscheide zwischen Sache und Person ❊ Visionen ❊ Unsere Einstellung zum IEP ❊ Unsere Berufsethik ❊ Die Berufsethik des Lehrers ❊ Der Lehrerberuf und die professionelle Berufsausübung ❊ Die Aufrechterhaltung der Berufsethik der Lehrer

Die Qualitätsarbeit 27
Die Lernentwicklung fördern ❊ Die Hauptprozesse des Lernens ❊ Was ist Qualität? ❊ Der Kundenbegriff ❊ Wann entsteht Qualität? ❊ Was ist Qualitätsarbeit? ❊ Der Qualitätsnachweis ❊ IEP als Mess- und Steuerungsinstrument

Die Beurteilung 33
Methoden für die Beurteilung ❊ IEP – Beurteilung im Kindergarten ❊ IEP für die Beurteilung der sozialen Entwicklung ❊ Was bedeutet das Wort „kann"? ❊ Tinte oder Bleistift? ❊ Selbst- und Fremdbeurteilung

Austausch, Mit- und Zusammenarbeit 41
Erfolgreiche Elternarbeit ❊ Entwicklungsgespräche

IEP – konkret bei der täglichen Arbeit 45
Der Inhalt des IEP-Ordners ❊ Die Seite „Das bin ich" ❊ Die Stufenübersichten ❊ Die Themenübersichten ❊ Anwendung und Aufbewahrung ❊ Von den Ordnern und Formularen zur täglichen Arbeit ❊ Warum beides, IEP und Portfolio?

So arbeiten wir 51
Im Kindergarten ❊ In der Vorschule ❊ Die ersten Schuljahre ❊ Wenn man einen Teil des Weges gegangen ist ❊ Die zweite Hälfte der Schulzeit ❊ Die letzten Schuljahre ❊ Die besondere Aufgabe des Sonderpädagogen ❊ Fangen Sie leicht an ❊ Praktische Tipps ❊ Einführung des IEPs ❊ Soziale Entwicklung ❊ Weiterführende Qualitätsarbeit mit dem IEP

Die Anlage und die Organisation der Ordner 61
Der Pädagogenordner ❊ Der IEP-Ordner der Kinder

Die Handhabung aller Formulare........................ 65
Das bin ich ❊ Die Personenformulare ❊ Das Entwicklungsgespräch ❊ Der individuelle Entwicklungsplan (IEP) ❊ Die Stufenübersicht ❊ Das Themenformular ❊ Die Zielübersicht ❊ Die „Lernbeweise" ❊ Stufenformulare als Grundlage für den IEP und das Portfolio ❊ Die Stufenformulare für die Entwicklung der Fächer im Kindergarten ❊ Die Stufenformulare für die Entwicklung in den Fächern

Abschließende Gedanken...................................... 73

Praktischer Teil

Inhalt des IEP-Ordners..76
Das bin ich..77
Meine Kindergartenzeit......................................78
Meine Schulzeit...79
Einwilligung in die Weitergabe des IEP-Ordners.....80
Entwicklungsgesprächsverzeichnis.......................81
Zentrale Prüfungen..82

Stufenübersichten
Soziale Entwicklung, Schwedisch 84
Mathematik, Englisch Motorik............................85

Untergegliederte Stufenübersichten
Soziale Entwicklung, Schwedisch.........................86
Mathematik, Englisch, Motorik............................87

Entwicklungsgespräche
Leitfaden Entwicklungsgespräch Kindergarten.........88
Kindergarten..89
Leitfaden Entwicklungsgespräch Schule.................90
Individueller Entwicklungsplan 91
Themenformular 1 92
Themenformular 2 93

Zielübersicht
Soziale Entwicklung 94
Schwedisch 97
Mathematik 100
Englisch...104
Motorik...106

Stufenformulare
Soziale Entwicklung 108
Schwedisch 114
Mathematik 142
Englisch...170
Motorik...188

Weitere Formulare...196
Für meinen IEP-Ordner.......................................197

Literatur- und Internettipps................................199

Vorwort zur deutschen Ausgabe

Lieber Leser[1],

individuelle Förderung – so lautet die Leitidee in vielen aktuellen Bildungsdiskussionen – über alle Bundesländer hinweg.
Die Zahl der Klassenwiederholer und Schulversager ist in Deutschland erschreckend hoch – zu wenig individuelle Förderung wird als ein Grund angegeben. Ab sofort sollen daher Maßnahmen ergriffen werden, um den **Bedürfnissen aller Schüler** gerecht zu werden – denjenigen mit Entwicklungsverzögerungen und Lernschwächen ebenso, wie besonders begabten Schülern. Gleichzeitig erhält die Schule seit kurzem eine klare Ergebnisorientierung: verbindliche Erwartungen an Lernergebnisse (Standards) werden gesetzt. Parallelarbeiten, zentrale Lernstanderhebungen und zentrale Abschlussprüfungen dienen ihrer Überprüfung.

Als Lehrer fragt man sich oft, wie man diesem Spannungsfeld zwischen individueller Förderung einerseits und Erreichung festgelegter Standards andererseits gerecht werden soll.

Hinzu kommt die geforderte **Dokumentation** der individuellen Entwicklung. Viele Lehrer fürchten, dass dabei kaum noch Zeit bleibt, sich auf die Kinder selbst zu konzentrieren.

Auch viele schwedische Schulen haben sich bereits vor einiger Zeit mit dieser Diskrepanz auseinandergesetzt. Ihre Lösung: **der individuelle Entwicklungsplan (IEP[2])**. Das IEP-Material dazu umfasst festgelegte Ziele für die verschiedenen Fächer und deren Teilbereiche, eingeteilt in Stufen. Dort ist formuliert, welche **verbindlichen Ziele** von allen Schülern erreicht werden sollen. Genaue Kriterien konkretisieren die Ziele und machen sie für jeden Schüler verständlich. Das erzeugt **Zieltransparenz** und eine klare Orientierung – jeder Schüler weiß zu jedem Zeitpunkt, wo er steht und woran er noch arbeiten sollte.

In regelmäßigen **Entwicklungsgesprächen** mit den Schülern und ihren Eltern wird besprochen, auf welchem Stand sich der Schüler befindet und auf welche Weise er am besten weiterarbeiten kann. Dabei werden die Leistungen der Schüler nie an denen anderer gemessen – immer nur an den festgesetzten Zielen und an der eigenen Leistungsentwicklung.

Die Ziele, bei uns definiert in den Bildungsstandards, sind dabei verbindlich – der Weg dahin ist dagegen ganz individuell. Hier haben Lehrer und Schüler einen großen inhaltlichen und methodischen Freiraum – jeder Schüler sollte nach den für ihn am besten geeigneten **Lernmethoden und -strategien** gefördert werden.

Indem die Schüler ihre Ziele regelmäßig vor Augen haben und ihr Lernstand in den Gesprächen regelmäßig evaluiert wird, übernehmen sie schnell selbst **Verantwortung** für ihr Lernen.

Doch auch für die Lehrer und die **Qualitätssicherung** der Schule liefern die individuellen Entwicklungspläne Hinweise. Indem regelmäßig evaluiert wird, wie viele Schüler sich in den Fächern auf welcher Stufe befinden,

---

[1] Aus Gründen der besseren Lesbarkeit haben wir in diesem Buch durchgehend die männliche Form verwendet. Natürlich sind damit auch immer Frauen und Mädchen gemeint, also Lehrerinnen, Schülerinnen etc.

[2] Im schwedischen Original lautet die Bezeichnung „individuella utvecklingsplaner (IUP)"

lässt sich herausfinden, in welchen Bereichen sich die Unterrichtsqualität noch verbessern sollte.

Individuelles Lernen, individuelle Förderung – manche Lehrer sehen dadurch eine Gefahr darin, dass der **„heimliche Lehrplan"** – die sozialen Ziele – dadurch zu sehr vernachlässigt werden und sich der gesamte Unterricht nur noch auf die Erreichung der Standards konzentriert, im Sinne des „teaching to the test".

Dieser Einwand ist sicher berechtigt. Auch die Schweden haben diese Gefahr erkannt und betonen in ihrem Modell daher stets die Wichtigkeit der sozialen Ziele. Individuelle Förderung ja, reine Ichbezogenheit nein. Wesentlicher Bestandteil des IEP-Materials sind die verschiedenen **Formulare** (vgl. S. 76 – 198).

Die Schüler dokumentieren selbst in den Formularen, auf welchem Stand sie sich befinden und welche Ziele sie bereits erreicht haben. So lernen sie, sich selbst und ihre eigenen Leistungen einzuschätzen. Einige der Ziele belegen sie mit **Arbeitsbeispielen**, den so genannten **Lernbeweisen**. In den regelmäßigen Entwicklungsgesprächen werden dann die gesammelten Materialien ausgewertet und neue Zielvereinbarungen und mögliche Lernwege sowie eventuelle Probleme besprochen. So entsteht mit der Zeit eine umfangreiche Materialsammlung, die die gesamte Lernentwicklung der Schüler dokumentiert.

In diesem Buch stellen die Autoren aus Schweden ihr Modell und ihre Arbeit mit den individuellen Entwicklungsplänen vor. Im Praxisteil finden Sie die Formulare und Materialien, die die Schweden in ihren IEP-Ordnern verwenden. Einige davon können Sie sofort übernehmen und selbst einsetzen. Andere – die Stufenformulare und die Zielübersichten – zeigen Ihnen exemplarisch, wie die schwedischen Autoren ihren Rahmenplan in konkrete, für die Schüler verständliche Ziele ausgearbeitet haben.

Selbstverständlich ist das schwedische IEP-Modell nicht in allen Bereichen eins zu eins auf unsere Anforderungen und Voraussetzungen zu übertragen. Dennoch zeigen die Schweden in ihrem Modell, wie man Veränderungen auch selbst an der eigenen Schule erreichen kann.

Individuelle Förderung und die Erreichung von Standards kann gelingen – probieren Sie es aus!

Ihr Verlag an der Ruhr-Team

Soziales Lernen als Bildungsziel

Vorwort der Autorin

Wir alle, die im Kindergarten und in der Schule arbeiten, haben festgestellt, dass sich die Erwartungen und Anforderungen an uns in den letzten Jahren sehr verändert haben. **Neue Rahmenpläne** und **Kurspläne**, die durch Ziele gesteuert werden, eine größere **Selbstständigkeit der Einrichtungen**, neue **technische Hilfsmittel** und eine **neue Lehrerausbildung** sind nur Teile davon. Auch die Welt, in der wir leben, hat sich verändert. Veränderte Arbeitsbedingungen erfordern veränderte Maßnahmen. Die Wissens- und Kompetenzanforderungen haben sich erhöht. Die Gesellschaft ist multikultureller geworden. Positiv betrachtet, resultieren daraus eine Menge neuer Möglichkeiten. Die veränderten Bedingungen stellen aber auch höhere Anforderungen an die Kindergärten, die Schulen und andere Bildungseinrichtungen. Etwas zugespitzt könnte man die „alte Schule" als zeit- und zensurengesteuert beschreiben. Diese legte ihr Augenmerk auf Gruppen, die oft als homogen betrachtet und behandelt wurden, obwohl sie es nicht waren. Die Grenze zwischen Kindergarten bzw. Vorschule und Schule war deutlich. Die Einrichtungen arbeiteten weitgehend unabhängig voneinander, und ein **roter Faden der Bildungsarbeit**, die im Kindergarten beginnt und frühestens mit Ende der Schulzeit endet, war kaum zu erkennen. Unseren heutigen Lebensbedingungen hält dieses Modell nicht stand; nicht, wenn wir die Ziele der Kindergärten und der Schulen erreichen wollen: Jedes Kind optimal in seiner Lernentwicklung zu fördern – sowohl fachlich als auch sozial. Homogenisierung, Selektion und Zensurensteuerung können als überholt angesehen werden, da sie den Bedürfnissen der Schüler nicht gerecht werden. Stattdessen müssen wir jede Person als Individuum wahrnehmen. Ein Individuum, das angenommen wird, wie es ist, und dem, ausgehend von seinen individuellen Voraussetzungen, optimale Entwicklungschancen gegeben werden.

Ein Schritt in die Richtung dieser Pädagogik ist die Arbeit mit dem **individuellen Entwicklungsplan (IEP)** und der **pädagogischen Dokumentation (Portfolio)**. Der IEP legt das Augenmerk auf die Entwicklung des einzelnen Kindes, ausgehend von dessen Voraussetzungen. Der IEP und die verschiedenen Formen der pädagogischen Dokumentation dienen dazu, das Kind vom Beginn des Kindergartens bis zum Ende der Schulzeit wahrnehmen und begleiten zu können. Zudem ist es ein hilfreiches Instrument, um die **Zusammenarbeit** der verschiedenen Bildungseinrichtungen zu intensivieren und zu verbessern.

Bereits heute fühlen sich viele Pädagogen im Kindergarten und in der Schule eingeengt durch den Mangel an Ressourcen und vor allem durch den Zeitdruck. Wir Pädagogen sind uns auch alle darüber im Klaren, dass wir in den kommenden Jahren mit größter Wahrscheinlichkeit nicht mit wachsenden Ressourcen rechnen können – sowohl nicht mit materiellen als auch nicht mit personellen und damit nicht mit zeitlichen. Die einzige Chance: Die Organisation des Alltags optimieren und ein besseres Zeitmanagement entwickeln. Auch dafür ist der IEP ein Hilfsmittel. Mit Unterstützung des IEPs können wir die vorhandenen **Ressourcen besser nutzen** und die **Kommunikation mit den Kindern und ihren Eltern verbessern**. Er ermöglicht uns, ihnen ganz konkret mitzuteilen, welche Erwartungen an sie gestellt werden und welche Ziele erreicht werden müssen. Diese **Zieltransparenz** erhöht die Motivation und das Vertrauen in unsere Arbeit und das eigene Lernen.

Die Zeit vergeht schnell. Es ist jetzt fast sieben Jahre her, als wir in Mörarps mit der Arbeit mit dem IEP begonnen haben. Seit dem Beschluss, unsere Arbeit in einem Buch zu präsentieren, hat sich viel innerhalb der Schule geändert. Im Januar 2006 wurde die Grundschulverordnung in Schweden verändert. Das Konzept der individuellen Förderung hat sich durchgesetzt. Für jeden Schüler muss nun ein individueller Entwicklungsplan geführt werden. Dazu hat das Schulamt allgemeine Ratschläge herausgegeben, die den Ausgangspunkt, das Ziel und den Inhalt des individuellen Entwicklungsplans definieren. Wesentlicher Bestandteil der Entwicklungspläne sind die so genannten Stufenformulare. Wichtig ist, zu berücksichtigen, dass sie ein Werkzeug für die Arbeit mit dem IEP sind – nicht jedoch der IEP selbst.

Im IEP-Ordner wird viel von dem Material aufbewahrt, das für die Arbeit mit dem einzelnen Kind gebraucht wird. Wir sammeln die Materialien und heften direkt die Originale ab; eine Alternative wäre ein digitaler IEP-Ordner, bei dem wir die Formulare direkt am PC ausfüllen und die Arbeiten der Kinder einscannen.

Wir, schreibe ich – wer sind wir? Anfänglich waren es die Pädagogen des Mörarps-Kindergartens und der Mörarps-Schule (Vorschule bis sechste Klasse). Die Einrichtungen befinden sich in einem kleinen Dorf nicht weit von Helsingborg. Ganz in der Nähe liegen auch der Kindergarten und die Schule von Bårslöv (Vorschule bis sechste Klasse) und der Kindergarten und die Schule von Påarps (Vorschule bis neunte Klasse). Gemeinsam haben wir die Arbeit mit diesem Modell des IEPs weitergeführt. Wir haben das **Material erprobt**, die **Ziele erarbeitet**, die **Zielkriterien geschrieben** und über deren **Anwendung diskutiert**. Die Möglichkeit der Zusammenarbeit über die organisatorischen und geografischen Grenzen hinweg war inspirierend und fruchtbar. Wir wurden ständig daran erinnert, wie viel wir voneinander lernen können und dass die Gemeinsamkeiten größer als die Unterschiede sind.

Die Einrichtungen, in denen wir arbeiten, sind ganz normale Kindergärten und Schulen. Wahrscheinlich kämpfen wir mit den gleichen Problemen, die auch viele andere Kindergärten und Schulen haben, z.B. mit zu großen Gruppen, zu vielen Kindern,

die besondere Unterstützung benötigen, mit einer angespannten Haushaltslage und dem Gefühl, dass die Zeit für unsere Arbeit nicht ausreicht.

Darüber hinaus haben insbesondere für die zweite Auflage viele weitere Pädagogen und Lehrer ihren Beitrag zu diesem Buch geleistet – sie haben Fragen gestellt, Vorschläge gemacht und uns immer wieder zum Weiterdenken inspiriert.
Ihnen allen danke ich sehr für das Engagement und ihr Interesse an der Entwicklung.

Herbst 2006
www.qualitaz.se

IEP – auch schon für die Kleinsten

Zum Aufbau des Buches

In diesem Buch zeigen wir, wie wir unsere individuellen Entwicklungspläne anwenden, um Teile des Auftrags der Schule, der in den Erlassen verankert ist, in die Praxis umzusetzen. Das bedeutet, dass wir uns nicht nur auf den individuellen Entwicklungsplan selbst konzentrieren, sondern besonders auf die Grundlagen und Voraussetzungen für die erfolgreiche Arbeit mit einem individuellen Entwicklungsplan.

„Individuelle Entwicklungspläne – Schüler optimal begleiten und fördern" ist in zwei Teile gegliedert: einer **theoretischen und reflektierenden Einführung** und einem **Praxisteil**, der vor allem die Kopiervorlagen enthält, die wir für die Arbeit mit dem IEP nutzen.

In der Einführung wird erläutert, in welcher Beziehung der IEP zum **Wertegrund**, den **Beurteilungen**, der **Qualitätsarbeit** und dem **Auftrag** der Schule und des Kindergartens steht. Wir zeigen, wie wir den IEP für unsere Entwicklungsarbeit anwenden. Dabei ist es uns wichtig, die Sichtweisen und Einstellungen, die unsere Arbeit geprägt haben, wiederzugeben.

Im Praxisteil erläutern wir, wie man die Formulare einsetzt und welche Bedeutung sie für den IEP-Ordner haben. Er enthält die **Stufenübersichten** (s. S. 84 – 87), die **Zielübersichten** (s. S. 94 – 106) und die **Stufenformulare** (s. S. 108 – 188) für die tägliche Arbeit sowie eine Vorlage für den individuellen **Entwicklungsplan** (s. S. 91).

Der IEP-Ordner ist der Ordner, in dem wir alle Dokumente, die die Entwicklung des Kindes betreffen, aufbewahren. Dazu gehört natürlich auch der vom Schulamt geforderte individuelle Entwicklungsplan selbst. Unser IEP-Material erstreckt sich vom Kindergarten bis zum Ende der Grundschule und wird weiterführend als Informationsmaterial für das Gymnasium verwendet.

Die Verwendung des Begriffes **„IEP-Ordner"** kann etwas missverständlich sein, da der individuelle Entwicklungsplan selbst kein Ordner ist und nicht einmal die verschiedenen Formulare, die dieser Praxisteil enthält, diesen ausmachen. Aber alle Formulare und Arbeitsbeispiele zusammen ergeben einen individuellen Entwicklungsplan, und deshalb wird der Ordner „IEP-Ordner" genannt.

Unser Anspruch ist es, dass das Material die Praxis und die tägliche Arbeit in unseren Kindergärten und unseren Schulen widerspiegelt. Das Material wurde gemeinsam von praktizierenden Pädagogen erarbeitet und ständig weiterentwickelt.

Inhalt des IEP-Ordners

1 Das bin ich

2 Personenformulare
- meine Kindergartenzeit
- meine Schulzeit
- Einwilligung in die Weitergabe des IEP-Ordners
- Entwicklungsgesprächsverzeichnis
- Nationale Prüfungen

3 Entwicklungsgespräche im Kindergarten
   Individuelle Entwicklungsgespräche – IEP

4 Stufenübersichten

5 Themenformulare

6 Soziale Entwicklung

7 Schwedisch

8 Mathematik

9 Englisch

10 Motorik

76

Individuelle Entwicklungspläne

Eine übersichtliche Gestaltung des IEP-Ordners erleichtert die Arbeit. (s. S. 76)

Theoretischer Teil

Unser Bildungsauftrag

✳ Der Auftrag des Kindergartens und der Schule

Die Arbeit des Kindergartens und der Schule ist von der Idee des **lebenslangen Lernens** geprägt. Alle sind dort, um in der einen oder anderen Weise zu lernen. Es sollen Faktenwissen, kritisches Denken und soziale Werte vermittelt werden. Dazu gehört auch, insbesondere natürlich im Kindergarten, aber auch in der Schule, der Auftrag der Fürsorge.

Die Aufgaben und Ziele des Kindergartens und der Schule werden in den **Bildungsstandards, Rahmenplänen und Erlassen** beschrieben. Oftmals sind sie jedoch sehr abstrakt formuliert und lassen sich nicht so einfach operationalisieren. **Was genau bedeutet das Ziel?** Wie lässt es sich erreichen, und nach welchen Kriterien lässt es sich überprüfen? Der einzelne Pädagoge fühlt sich leicht überfordert von dem, was alles geleistet werden soll und wofür man die Verantwortung trägt.

Über den Inhalt der Bildungsstandards, die Rahmenpläne usw. zu diskutieren und die Ziele zu konkretisieren, ist ein Schritt auf dem Weg, die Ziele für die Kinder, ihre Eltern und auch für uns selbst begreifbarer zu machen. Auf diese Weise erhalten alle Beteiligten eine **größere Transparenz und mehr Mitbestimmungsmöglichkeiten**. Es können gemeinsam Wege und Maßnahmen zur Erreichung der Ziele entwickelt werden, und alle tragen gleichermaßen die Verantwortung für deren Erreichen. Jeder Kindergarten und jede Schule ist Teil eines größeren Ganzen, mit gemeinsamen Zielen und Aufgaben für jedes Kind. Die Aufgabe der einzelnen Einrichtungen ist – einfach ausgedrückt – jedem Kind die Möglichkeit zur selbstständigen Entfaltung aller Stärken und Talente und zur persönlichen und sozialen Entwicklung zu bieten.

Als der Kindergarten 1998 seinen Rahmenplan (Lpfö98) erhielt, wurde das gesamte Bildungssystem in drei Rahmenplänen miteinander verbunden, mit dem Lpfö98 für den Kindergarten, mit dem Lpfö94 für die Regelschule, inklusive Vorschule und Hort, sowie mit dem Lpf94 für die freiwilligen Schulformen.

In der Schulverordnung wurde deutlich, dass es der Auftrag der Schule ist, einen individuellen Entwicklungsplan für jeden Schüler der Grundschule aufzustellen. Als wir vor sieben Jahren mit unserer Arbeit begannen, hatten wir auch die Schule als Ausgangspunkt. Wir stellten aber bald fest, dass diese Wahl nicht mit unserem Ziel übereinstimmte, einen **roten Faden der Lernentwicklung**

Meine Kindergartenzeit

Name: _____

Geburtsdatum: _____

Muttersprache: _____

Erziehungsberechtigte: _____

Weitere Informationen: _____

Kindergarten	Jahr	Gruppe	verantwortliche/r PädagogIn

78   Individuelle Entwicklungspläne

Im Formular „Meine Kindergartenzeit" dokumentieren wir, in welchem Zeitraum das Kind welche Einrichtung besucht hat. (s.S. 78)

durch alle Einrichtungen zu erzeugen. Im Kindergarten wird der **Grundstein für die Lernentwicklung** gelegt, und er hat ebenfalls den Auftrag zur Dokumentation der Entwicklung der Kinder, auch wenn es innerhalb des Kindergartens noch keine konkretisierten Ziele gibt, die erreicht werden müssen.

Zu diesem Schluss kamen wohl auch viele Kommunen, und sie gaben deshalb auch dem Kindergarten den Auftrag, einen individuellen Entwicklungsplan für jedes Kind aufzustellen. Alle Einrichtungen innerhalb des Bildungssystems haben damit die Aufgabe, zu beurteilen, auf welchem Stand das Kind sich in seiner Entwicklung befindet. Wir haben die Entwicklung vom Beginn des Kindergartens bis zum Ende der Grundschulzeit in Form von Stufenformularen erarbeitet. Diese werden nicht von allen gleich angewendet, aber sie zeigen das Bild eines durchschnittlichen Entwicklungswegs durch unser Bildungssystem auf, und sie können bei unserer Arbeit eine Hilfe sein.

Um die Gemeinsamkeiten unserer Arbeit in pädagogischen Institutionen zu unterstreichen, haben wir an Stelle der verschiedenen Berufsbezeichnungen wie Lehrer oder Erzieher durchgehend den Begriff **Pädagoge** gewählt – außer an den Stellen, wo es ganz explizit um Lehrer geht. Dieselbe Berufsbezeichnung zu verwenden, soll die Gemeinsamkeit unserer pädagogischen Arbeit verdeutlichen. Wir haben verschiedene Ausbildungen und Examina, aber wir sind alle Begleiter der Kinder und Jugendlichen, die uns bei unserer Arbeit begegnen. Lassen Sie uns mit dem Sortieren und dem Ordnen nach Rang aufhören, sonst könnte jemand auf die Idee kommen, dass wir das auch mit den Kindern und Jugendlichen vorhaben. Wir sind für sie da, auch wenn wir verschiedene Kompetenzen und Aufgaben haben. Es gibt also grundsätzlich gute Voraussetzungen, den Kindern und Jugendlichen einen deutlichen und strukturierten Weg der Entwicklung zu ermöglichen. Die Zusammenarbeit und die Kontinuität sollen dabei jedoch nicht die Unterschiede, die es in den verschiedenen Einrichtungen gibt, ignorieren.

Es ist wichtig, bedeutsame Unterschiede auch in der Zukunft zu erhalten. Der Kindergarten hat z.B. keine Kurspläne, und es steht deutlich im Rahmenplan, dass die Lernergebnisse des einzelnen Kindes nicht bewertet werden dürfen. Es gibt im Kindergarten noch keine verbindlichen Ziele und natürlich auch keine Zeugnisse und Beurteilungen.

✳ Die Bedeutung der Rahmenpläne

Die Rahmenpläne enthalten **Zielvorgaben**. Das bedeutet, dass wir als Pädagogen wissen müssen, was erreicht werden muss. Gleichzeitig wird uns ein großes Vertrauen zur Durchführung entgegengebracht, und wir können selbst bestimmen, **wie die Ziele erreicht** werden.

Wir tragen damit auch eine große Verantwortung – wir müssen nachweisen, dass wir unsere Aufgaben erfüllt und die Schüler ihre Ziele erreicht haben. Obwohl die Rahmenpläne für die verschiedenen Einrichtungen sehr ähnlich sind, sind die Methoden zur Durchführung natürlich sehr verschieden, da wir mit Kindern und Jugendlichen verschiedenen Alters und mit verschiedenen Voraussetzungen arbeiten.

Sie können sich sicher vorstellen, welche Diskussionen wir allein mit unseren wenigen Einrichtungen, mit denen wir zusammengearbeitet haben, geführt haben – jeder interpretiert die Texte anders, und jeder hat andere Vorstellungen zur Konkretisierung und zur Umsetzung. Solche Diskussionen erweisen sich jedoch in der Regel als äußerst fruchtbar, und wir sind froh, dass wir immer wieder die Gelegenheit zum **Austausch** haben. Eine Voraussetzung für die Erfüllung unseres Auftrages als Pädagogen ist, dass wir gemeinsam über unsere Aufgaben sprechen, unsere Meinungen austauschen und dadurch eine gemeinsame Sprache entwickeln. Mindestens genauso wichtig ist es, **Freude an der Arbeit** zu haben und seinen Auftrag professionell zu erfüllen. Dafür braucht man natürlich sehr viel Zeit. Aber es liegt letztendlich an uns,

Zeit für übergreifende Diskussionen und Aufgabenstellungen zu finden. Es passiert leicht, dass wir uns in der täglichen Arbeit und den akuten Problemlösungen verlieren. Da ist das Risiko groß, dass wir mit unserem Auftrag nicht weit kommen. In der Schule nehmen auch andere Erlasse, z.B. die Kurspläne und die Zensurenkriterien zusätzlich zum Rahmenplan viel Platz ein. Da ist es nicht verwunderlich, dass ein großer Teil der täglichen Arbeit gerade von diesen Erlassen gelenkt wird, aber trotz alledem ist es der Rahmenplan, auf dem sich bei uns in Schweden alles aufbaut.

❋ Vom Wort zur Handlung – von der Vision zum Alltag – IEP

Ein Grund, warum wir dieses Modell erarbeitet haben, ist, dass Helsingborg am Versuch des Ministeriums für Ausbildung – **„Eine Schule ohne Stundenplan"** – teilnahm. Dabei haben wir den Versuch unternommen, andere Formen der Qualitätssicherung des Lernens zu finden, als nur die Unterrichtszeit zu erhöhen. Der Versuch hat gezeigt, dass es eigentlich keinen Zusammenhang zwischen der Unterrichtszeit und der Zielerfüllung gibt. Für uns bedeutet das, dass wir uns nicht von der Verantwortung der Zielerfüllung frei machen können, nur weil wir zu wenig Zeit haben. Hinzu kommt, dass die Chancen auf zusätzliche Stunden und damit zusätzliche Einstellungen von Pädagogen sehr gering sind. Wir brauchen also ein anderes Mittel, um die Qualität und die Zielsteuerung zu sichern.

Wir alle wissen, dass die Menschen verschieden sind und nicht dasselbe Ziel zur selben Zeit erreichen. Das spricht dafür, dass die Schule sich anderer Instrumente bedienen muss, um die Arbeit zu steuern und zu organisieren. Unsere Erfahrung, ohne Stundenplan zu arbeiten, ist positiv, auch wenn die Umstellung erst einmal schwierig war.

Im Entwicklungsgesprächsverzeichnis dokumentieren wir, wann die Gespräche stattgefunden haben. (s.S. 81)

Für Schulen, die mit den unteren Schuljahrgängen arbeiten, wo wenige Lehrer die Verantwortung für den ganzen Schultag tragen, ist es leichter, als in den höheren Jahrgängen, wo es viel Fachunterricht bei unterschiedlichen Lehrern gibt. Die Arbeit ohne Stundenplan und damit ohne 45-min-Takt schafft jedoch wesentlich größere Chancen, das Augenmerk auf die individuellen Bedürfnisse der einzelnen Schüler zu legen.

Wir erleben zurzeit eine Verschiebung des Blickwinkels von der Gruppe zum Individuum. Ging es noch bis vor wenigen Jahren vorrangig darum, aus heterogenen Schülern irgendwie eine homogene Gruppe zu erzeugen, steht nun die **individuelle Entwicklung** jedes Einzelnen im Vordergrund. Die Entwicklung jedes Schülers soll dokumentiert werden. Die Arbeit mit individuellen Entwicklungsplänen erleichtert diese Arbeit. Für uns in Mörap ist der IEP ein Mittel, um die Ziele der Erlasse zu erreichen. Dabei spielt es keine Rolle, ob in der Schule im 45-min-Takt oder ganz offen unterrichtet wird. Der IEP kann zudem im Kindergarten genauso wie in der Schule angewendet werden, auch wenn der Kindergarten keine Kurspläne hat.

Unsere Entwicklungsarbeit mit dem IEP begann 1999. Es fing damit an, dass wir uns fragten, welche Verantwortung wir für die Schulzeit der Kinder und Jugendlichen tragen. Das schöne Bild des lebenslangen Lernens wurde in den letzten Jahren von den täglichen Berichten über Missstände in den Kindergärten und Schulen getrübt. Unzählige Berichte zeigten Kinder und Jugendliche, die aus verschiedenen Gründen nicht die Ziele erreicht haben, sich nicht in der Schule wohl fühlen oder an Selbstzweifeln und Versagensängsten leiden.

Wir waren nicht glücklich mit der Erkenntnis, dass die Standards in der Schule mangelhaft sind.

Wir wollen, dass die Eltern, die ihre Kinder in unsere Kindergärten oder in unsere Schulen bringen, zufrieden mit unserer Arbeit sind. Wir hoffen und wünschen, dass auch die Kinder zufrieden sind und sich wohl fühlen. Parallel dazu wollen wir auch selbst stolz auf unseren Beruf sein und auf die Arbeit, die wir täglich leisten.

Während wir bereits mit der IEP-Arbeit begannen, kam eine Verordnung der Regierung heraus mit dem Titel „Ausbildung für Wissen und

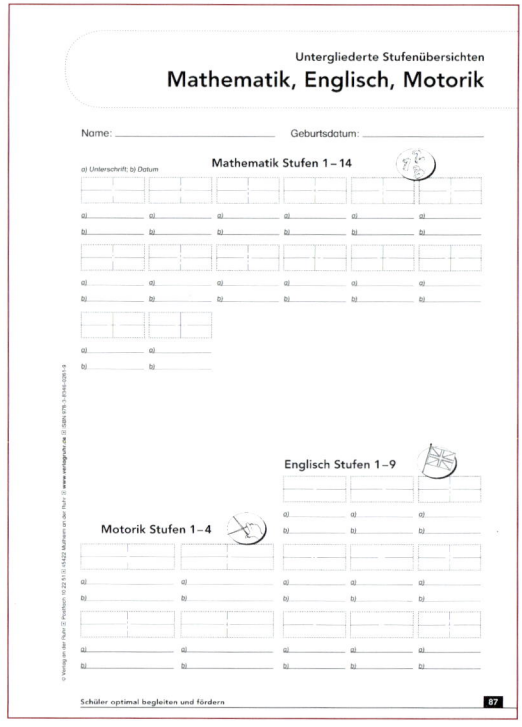

... oder in Teilbereiche untergliedert. (s.S. 87)

Gleichheit – Der Entwicklungsplan der Regierung für den Kindergarten, die Schule und Erwachsenenbildung". In dieser Verordnung werden u.a. die systematische Qualitätsarbeit, die Arbeit mit der Zielerfüllung der Schüler sowie die individuellen Entwicklungspläne erläutert.

Wir merkten, dass wir gezwungen waren, den so genannten „roten Faden" deutlich zu machen, der vom Kindergarten bis zum Ende der Schulzeit sichtbar werden sollte.

Im Rahmenplan steht viel über Verantwortung und Zusammenarbeit, aber wie können Kinder Verantwortung übernehmen, wenn sie nicht wissen, was von ihnen erwartet wird? Wie können Erziehungsberechtigte zusammen mit uns ihren Kindern helfen und sie unterstützen, wenn sie keine konkreten Informationen darüber bekommen, was von den Kindern erwartet wird? Das Resultat unserer Diskussionen war, dass wir einen individuellen Entwicklungsplan erarbeitet haben, der die **Kinder vom Kindergarten bis zum Ende der Schulzeit begleitet**. Dieser IEP dient dazu, dass wir unsere Arbeit und die jeweiligen Ziele klar definieren und ihre Erreichung evaluieren können. Vor allem aber dient er den Kindern und ihre Erzie-

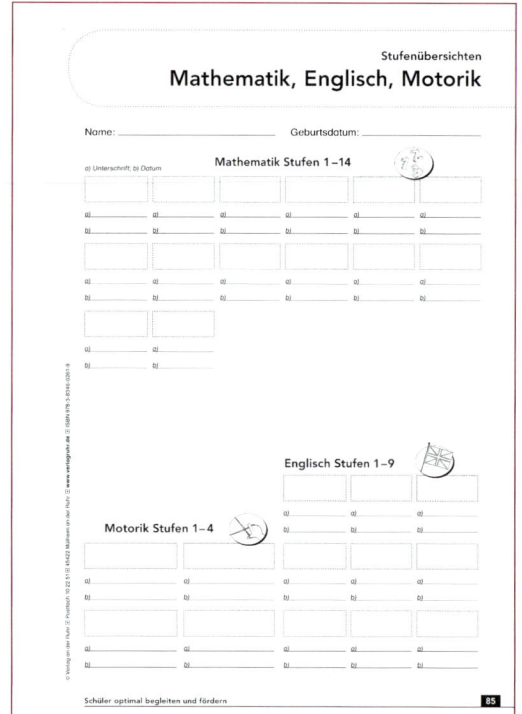

Die Stufenübersichten: Das Fach als Ganzes ... (s.S. 85)

hungsberechtigten, sodass sie die Arbeit und Entwicklung verfolgen können.

Beim ersten Anblick erinnern unsere Stufenformulare an die konkretisierten Rahmenpläne, wie wir sie schon seit Jahren haben, und sicherlich ist vieles auf unseren Stufenformularen damit identisch. Der große Unterschied ist (neben der Zusammenarbeit mit dem Kindergarten), dass wir über unsere Einstellung zum Lernen nachgedacht und ein Konzept entwickelt haben, wie die Erlasse in die tägliche Arbeit einbezogen werden können. Ein Instrument dieser Art zu entwickeln, ist immer ein **Balanceakt** zwischen den politischen Intentionen, den Erlassen und der praktischen Wirklichkeit. Wir waren gezwungen, zu einer Vielzahl von Fragen Stellung zu nehmen und uns auf einen gemeinsamen Weg zu einigen.

Ein Beispiel war die **Beurteilung**. Die Regierung sieht in der oben genannten Verordnung vor, dass die individuellen Entwicklungspläne nicht den Charakter einer Bewertung haben dürfen. Gleichzeitig muss die Schule aber kontinuierlich über die Qualität der Lernergebnisse und gegebenenfalls über Förderbedarf Auskunft geben können. Da kann es manchmal schwer sein, festzulegen, welchen Weg man einschlagen soll, um die Inhalte der Erlasse und Verordnungen zu erfüllen. Das Risiko ist groß, dass es zu einem Stillstand im Kindergarten und in der Schule kommt, aus Angst, im Zusammenhang mit der Entwicklungsarbeit etwas falsch machen zu können. Als wir mit der Arbeit anfingen, wussten wir, dass bald genauere Bestimmungen herausgegeben werden, und wir überlegten, ob wir vielleicht mit unserer Arbeit noch etwas warten sollten. Wir haben nicht gewartet, sondern eine Arbeitsweise entwickelt, die wir IEP nannten. Manche Definitionen mussten wir in dieser Auflage ändern, aber im Rückblick war es die Sache wert, einen eigenen Versuch zu unternehmen. Statt abzuwarten begannen wir also, **Stufenformulare** (s. S. 108 – 195) für die so genannten Basisfächer Mathematik, Schwedisch und Englisch zu erarbeiten, die die Entwicklung in den Fächern aufzeigen und die zu errei-

chenden Ziele definieren, an denen die Schüler arbeiten.

Jedes Fach ist in Stufen eingeteilt, und jede Stufe enthält bestimmte Bereiche, unter denen die Ziele angegeben sind. Die Anzahl der Stufen in den Fächern variiert. Da die Fächer und ihre Anforderungen sehr verschieden sind, ist auch die Anzahl der Stufen unterschiedlich.
Die Kinder können sich auch in den verschiedenen Fächern auf verschiedenen Stufen befinden. Wenn die Ziele einer Stufe vollständig erreicht sind, wird das in der **Stufenübersicht** (s. S. 84 – 87) notiert. Das macht die Entwicklung leicht überschaubar, und sie ist übersichtlich zu verfolgen. Die Stufenübersicht eignet sich damit selbstverständlich auch als Informations- und Planungsgrundlage für die Entwicklungsgespräche.

Wir fingen bei der Arbeit mit dem IEP mit den drei Basisfächern an, vor allem mit **Schwedisch** und **Mathematik**, da diese Fächer in die tägliche Arbeit integriert sind. Später werden alle Fächer zur Arbeit mit dem IEP gehören, wenn auch vielleicht nicht in derselben Art. Mittlerweile enthält das Material auch die Stufen für die **Motorik** der kleineren Kinder und einen Teil der sozialen Entwicklung. Die **sozialen Stufenformulare** können als Grundlage für Gespräche verwendet werden. Ein Unterschied zwischen den Fächerstufen und den Stufen für die soziale Entwicklung ist, dass die sozialen Entwicklungspläne mehr an das Alter des Kindes gekoppelt sind, als es die Fächerstufen sind.

Unser Material umfasst den Kindergarten, die Vorschule und die Grundschule.

Das bedeutet, dass wir bereits bei den ganz kleinen Kindern ab einem Jahr mit der Arbeit mit dem IEP beginnen, auch wenn hier das IEP-Material natürlich zunächst nur für unseren Gebrauch und den der Eltern gedacht ist. Mehr und mehr werden dann die Kinder in die Arbeit mit dem IEP einbezogen, bis sie spätestens am Ende der Grundschule ganz eigenverantwortlich mit dem Material arbeiten.

✳ Die Fächer in Teilbereiche untergliedern?

Nach unserer Ansicht ist es schwierig, die Fächer in einzelne **Teilbereiche** zu untergliedern. Wir finden, dass Lernen ganzheitlich betrachtet werden sollte, und manchmal ist es schon zweifelhaft, ob man überhaupt über spezielle Fächer sprechen kann. Wir sind der Meinung, dass alles Wissen und alle Fähigkeiten auf gewisse Weise miteinander verknüpft sind und sich nicht streng voneinander trennen lassen. Die Kurspläne der Schule sind sicherlich in Fächer eingeteilt, aber im Rahmenplan wird deutlich ausgedrückt, dass diese einander integrieren sollen. Manche Fächer, z.B. Mathematik, sind leichter als eine Sammlung von Teilbereichen zu sehen, die eine Ganzheit aufbauen. Betrachtet man

dagegen die Sprachentwicklung, ist es unserer Meinung nach schwerer, einen spezifischen Verlauf zu erkennen, der in Teilbereichen beschrieben werden könnte. Es ist ja nicht so, dass man in seiner Entwicklung eine Weile spricht und dann aufhört, um stattdessen die nächsten Wochen zu lesen. Trotzdem haben wir alle Fächer in Teilbereiche aufgeteilt und jedem Teilbereich im Rahmen der verschiedenen Stufen Ziele zugeordnet. Wir haben uns dafür entschieden, weil es so für die Schüler **die größte Klarheit und Zieltransparenz** ermöglicht.

Natürlich wäre es einfach, könnte man sich zwei Stufenblätter nehmen, diese vom Anfang bis zum Schluss durcharbeiten und hätte damit seinen Auftrag erfüllt. Aber wir arbeiten mit Menschen und das enthält so viel mehr als das, was in den Stufen beschrieben wird. Will man die angegebenen Ziele erreichen, erfordert das natürlich viel mehr Arbeit. Unsere Auswahl und unsere Einteilung soll die Arbeit erleichtern – sie verdeutlicht vor allem die Ziele für die Kinder und deren Eltern. Die Ziele, die beschrieben werden, können als Meilensteine auf dem Weg gesehen werden. Selbstverständlich gibt es noch vieles andere auf dem Weg zu absolvieren.

Wir sehen die Stufenformulare als eine Struktur für die Arbeit an. Bedeutend wichtiger ist es, die Arbeit mit allem anderen zu füllen, das auch zum Lernen gehört und zu einem Kindergarten und einer Schule mit hoher Qualität führt. Das Wissen muss in verschiedenen Zusammenhängen angewendet werden. **Die vier „F"-Laute des Rahmenplans – Fakten, Verstehen, Fähigkeiten und Vertrautheit** – kommen hier ebenso zum Tragen wie die Fähigkeit, vergleichen zu können, zu analysieren und Zusammenhänge erkennen zu können.

Für manche Schüler sind untergliederte Stufenübersichten besser geeignet.
(s.S. 86)

Unser Wertegrund

In den Rahmenplänen wird viel davon gesprochen, dass im Kindergarten und in der Schule **Demokratie** an oberster Stelle steht. Alle, die dort arbeiten, sollen die Achtung vor dem Wert jedes einzelnen Menschen sowie vor unserer gemeinsamen Umwelt fördern. In den Rahmenplänen werden weitere **grundlegende Werte unserer Gesellschaft** festgehalten. Es sind die **Unantastbarkeit** des Menschen, die **Gleichheit** aller Menschen, die **Gleichstellung zwischen Frauen und Männern** sowie die **Solidarität mit den Schwachen und Menschen mit Behinderungen**.

Als „gewöhnlicher" Pädagoge fragt man sich bei seiner Arbeit oft, was diese Worte eigentlich bedeuten. Wie kann etwas, das so selbstverständlich erscheint, so schwer zu konkretisieren und so schwierig durchzuführen sein? **Der Wertegrund** bildet, genau wie das Wort andeutet, den Grund, auf dem unsere Arbeit ruht. Aber wofür steht eigentlich der Begriff, und was ist die Konsequenz für unsere tägliche Arbeit?

Wie können wir den Begriff des Wertegrunds deuten und umsetzen, sodass er in unsere Arbeit einfließt? Unsere Arbeit ist zielgesteuert. Die Erlasse geben jedoch nicht vor, wie wir sie durchführen sollen. Alle, die im Kindergarten und in der Schule arbeiten, müssen über den Inhalt der Dokumente diskutieren, um auf diese Weise einen gemeinsamen Wertegrund für die Arbeit zu schaffen. Es passiert bei solchen Diskussionen leicht, dass es nur darum geht, welche Regeln für die Kinder und Jugendlichen gelten sollen und welche Strafen bei Nichtbeachtung anzusetzen sind. Selbstverständlich können Regeln eine Form sein, Bewusstsein, Verantwortung und Respekt zu vermitteln. Aber eigentlich geht es nicht darum, dass der Mensch Regeln befolgt. Stattdessen gilt es, sich so zu verhalten, dass die grundlegenden Werke in unsere Verhaltensweisen eingehen. Jeder von uns hat sicher Erfahrung von diversen Diskussionen

über Regeln für Schneeballschlachten, Schirmmützen und nun auch Handys gemacht. Es ist wichtig, dass wir uns in den Fragen einig sind und uns auch selbst daran halten.

Sich auf einen Wertegrund, auf Werte, Normen und Regeln zu einigen, erwies sich als schwieriger als gedacht. Beim Gespräch über unsere Werte und Regeln stellten wir fest, dass wir sehr unterschiedlich denken. Wir machten schließlich ein Experiment und testeten uns selbst. Jedes Arbeitsteam bekam eine Liste mit Punkten wie: *„Wir sind uns einig, wenn es darum geht, unseren Regeln zu folgen", „Wir haben die gleiche Vorstellung von angemessenem Verhalten im Unterricht", „Wir haben uns geeinigt, welche Regeln am Esstisch gelten."*

Jeder im Arbeitsteam beantwortete erst einmal für sich die Fragen. Danach beantworteten wir sie in Gruppen. Bei den meisten Punkten gab es keine Übereinstimmung, und da wurde deutlich, dass es wichtig war, miteinander zu reden. Interessant waren auch die wenigen Punkte, bei denen das ganze Team hatte eine gemeinsame Ansicht hatte.

Eigene Lernwege gehen

Jeder im Team sollte erklären, was er darunter verstand, und bald mussten einige Punkte wieder gestrichen werden, da sich bei genauerer Betrachtung herausstellte, dass keiner so richtig wusste, was gemeint war. Daran haben wir gelernt, wie wichtig es ist, **Dinge zu konkretisieren**. Es reicht auch nicht, nur darüber zu sprechen und dann zu glauben, dass es im Bewusstsein aller vorhanden sei. Zu dokumentieren und zu wiederholen ist unser Rezept, um die Diskussion am Leben zu erhalten.

❋ Die goldene Regel – fang bei dir selbst an

Bei einer Untersuchung kam heraus, dass einige Kollegen den Lärmpegel in unseren Räumen als störend empfanden. Wir untersuchten das etwas genauer. Wenn wir das empfanden, erlebten es die Kinder vielleicht auch so. Es zeigte sich, dass der Radau auch von den Kindern als störend empfunden wurde. Das führte zu der Diskussion, wie laut die Kinder sein dürfen und wann sie leiser sein sollten. Die Räumlichkeiten sind recht

groß und es dürfe z.B. nicht erlaubt sein, an einem Ende des Raumes zu stehen und zum anderen zu rufen. Wir schlugen den Kindern vor, stattdessen zu einem Mitschüler zu gehen, um ihr Anliegen vorzutragen.

Die Kinder zeigten dafür Verständnis und versuchten ihr Bestes, diese Regel einzuhalten, die sie mit bestimmt hatten. Aber was musste recht bald festgestellt werden? Wer war es nun, der durch den ganzen Raum rief? Ja, es waren wir Erwachsenen. Hat das etwas mit unserem Wertegrund zu tun? Ja, im allerhöchsten Grad. Es geht um **Respekt** und die **Übermittlung von Verständnis**. Selbstverständlich fiel es uns nicht schwer, uns zu einigen, welche Verhaltensweisen angebracht waren, was auch schnell dokumentiert wurde. Aber dann kam der schwere Teil. Was macht man, wenn ein Arbeitskollege die Regel nicht befolgt, die man gemeinsam aufgestellt hat? Es fällt nicht schwer, ein Kind zu korrigieren. Bei den Kollegen ist unsere Hemmschwelle in diesem Fall viel größer. Wir können das erleichtern, indem wir uns darauf einigen, die Sache von der Person zu trennen. Wir sprechen also darüber, *was* wir machen und nicht *wie* wir sind.

Für jeden Schüler möglichst optimale Lernchancen schaffen

❋ Unterscheide zwischen Sache und Person

Das Schwierigste war es, eine **Grundlage für die soziale Entwicklung** zu erarbeiten. Als wir die Arbeit begannen, waren wir uns schnell klar darüber, wie die Wissensentwicklung aussehen sollte. Dagegen überlegten wir lange, wie wir die inneren Werte konkretisieren sollten, die dem Lernen zu Grunde liegen.

Wir fühlten uns wie in einer Zwickmühle. Wir sollen zur Erziehung, Sozialisation sowie zu einer demokratischen und ästhetischen Bewusstseinsentwicklung beitragen, und gleichzeitig möchten wir z.B. Raum für Integrität, Meinungsfreiheit und die Eigenarten jedes

Einzelnen lassen. Wir fassen das nicht als Gegensätze auf, aber im Alltag ist es doch schwer, diese Ziele konkret umzusetzen und auf beste Weise zu handeln. Wir konnten uns trotzdem darauf einigen, dass wir gemeinsame Spielregeln brauchen und dass es gewisse Werte gibt, die nicht verhandelbar sind. Wir kamen zu der Einsicht, dass wir, so weit es möglich ist, zwischen der Sache und der Person unterscheiden müssen. Der Kindergarten und die Schule funktionieren zusammen mit den Eltern als lehrende Institutionen. Wir versuchen deshalb, nicht darüber zu sprechen *wie* jemand ist, sondern *was* er tut.

Heute haben wir **altersabhängige Stufen** für die soziale Entwicklung. Anfangs war das nicht so. Als wir das Material testeten, sahen wir ein, dass es nicht funktioniert, die Stufenübergänge „fließend" und unabhängig vom Alter oder der Jahrgangsstufe zu gestalten, wie wir es bei den Stufen der Fächer getan haben. Es gibt Kinder, die es nicht einmal schaffen, alle Ziele der ersten Stufe zu erreichen (gleiches gilt übrigens auch für uns Erwachsene). Die Stufen verlieren an Glaubwürdigkeit, wenn man sich als 15-Jähriger immer noch auf Stufe eins befindet.

Die Stufen der sozialen Entwicklung sind altersabhängig. (s.S. 94)

✳ Visionen

Wenn das Gefühl die Tür öffnet, kann der Gedanke herein kommen.

Sicher ist es so, dass wir häufig, wenn auch oft nur am Anfang, mehr vom Gefühl als von der Vernunft geleitet werden. Bei der sozialen Entwicklung geht es darum, viele positive Gefühle für die verschiedenen Dinge zu entwickeln, z.B. für unsere Mitmenschen oder unsere Umwelt, um auf diese Weise Verhaltensweisen zu entwickeln, die laut unserem Erlass als erwünscht angesehen werden.

Eine **Vision** zu haben, ein gefühlsmäßiges Bild vom erwünschten Zustand, kann uns bei der Arbeit helfen, den Wertegrund zu konkretisieren und zu verwirklichen. Denn wenn man nicht weiß, wohin man will, dann weiß man auch nicht, wohin man gehen muss. Mit den Worten von Lewis Carrols in „Alice im Wunderland":

> *Alice fragte: „Kannst du so nett sein und mir sagen, welchen Weg ich gehen soll?"*
> *„Das hängt ja ziemlich davon ab, wohin du kommen willst", sagte die Katze.*
> *„Das spielt keine Rolle", antwortete Alice.*
> *„Dann spielt es auch keine Rolle, welchen Weg du gehst", sagte die Katze.*

Unsere Visionen sollten herausfordernd sein und **Engagement** und **Neudenken** erfordern, aber gleichzeitig auch das Gefühl vermitteln, dass sie erreichbar sind. Die Visionen dienen uns als **Leitstern**. Wenn es aber nicht bei einem Traum bleiben soll, müssen die Visionen an Handlungen und Teilziele gekoppelt sein, sodass wir uns auf den Weg in die richtige Richtung begeben können. Mit dem IEP haben wir eine konkrete Hilfe bei der Arbeit, die Ziele und Visionen zu erreichen. Bevor Sie mit der IEP-Arbeit beginnen, entwickeln sie auch gemeinsam eine Vision: Wie soll das Lernen in unserer Schule aussehen?

✳ Unsere Einstellung zum IEP

Seite rauf und Seite runter, Listen, Ziele und Unmengen von Kästchen zum Abhaken der erreichten Ziele. Beim schnellen Durchblättern der IEP-Formulare bekommt man das Gefühl, es fehle nur noch die **TÜV-Plakette**. Natürlich kann es nicht nur darum gehen, seitenweise Listen abzuarbeiten. Wir haben uns dennoch dafür entschieden, die Ziele sehr ausführlich auszuarbeiten, damit das Material bei der alltäglichen Arbeit verwendet werden kann.

Es ist aber wichtig, sich darüber im Klaren zu sein, dass trotz der langen Listen nur ein kleiner Teil der Ziele formuliert ist. Mindestens ebenso wichtig sind die Ziele des so genannten **„heimlichen Lehrplans"** – die **Vermittlung von sozialen und ethischen Werten und Kompetenzen**. Sehen Sie das IEP-Material mit allen seinen Stufenformu-

laren als eine Hilfe bei der Arbeit an, Voraussetzungen für das Lernen zu schaffen. Mit dem IEP zu arbeiten bedeutet, nach vorne zu schauen und zu planen. Es hilft, sich zu verdeutlichen, welche Ziele erreicht werden müssen, und davon ausgehend zu planen, welche Inhalte und welche Methoden im Unterricht vermittelt und angewandt werden sollen.

Im Kindergarten ist es üblich, das Augenmerk auf das Individuum zu richten. Man verfolgt dort die Entwicklung jedes Kindes in einem höheren Grad, als es in der Schule üblich ist, wo man mehr mit der Gruppe als Ganzes arbeitet. Die Stufenformulare richten sich vorwiegend an das Individuum, da es hier darum geht, die Entwicklung jedes Einzelnen verfolgen zu können und die Voraussetzung für **optimale Lernchancen** zu schaffen. Damit wollen wir jedoch nicht erreichen, dass jeder Schüler nur noch für sich selbst und isoliert von den anderen in seinem eigenen Tempo lernt. Selbstverständlich sollen alle auch die Fähigkeit erwerben, mit anderen gemeinsam in der Gruppe arbeiten zu können.

Die kontinuierliche und gewissenhafte Arbeit mit dem IEP garantiert, dass alle Kinder und Jugendlichen gleichermaßen wahrgenommen werden. Das sollte eigentlich eine Selbstverständlichkeit sein. Dennoch wissen wir aus unserer täglichen Praxis, dass unsere Sichtweise immer subjektiv ist und es immer Schüler gibt, die man stärker wahrnimmt als andere. Wir haben täglich mit vielen Menschen zu tun und insbesondere in Klassen, in denen man nur wenige Stunden unterrichtet, stellt man manchmal erst bei den Vorbereitungen zu den Elterngesprächen fest, dass einem einige Schüler das ganze Halbjahr gar nicht aufgefallen sind.

Die Arbeit mit Entwicklungsplänen erleichtert es, jeden Schüler wahrzunehmen, da man anhand des Materials die Entwicklung jedes Kindes genau beobachtet. Daraus ergibt sich eine Form der **Qualitätsgarantie**.

Es darf dabei aber, wie gesagt, nicht vergessen werden, dass sich eine Gefahr darin verbirgt, nur das zu bedenken, was auf den Stufenformularen steht. Es gibt so viel mehr

---

Themenformular 1

Thema/Arbeitsgebiet: _____

Name: _____   Zeitraum: _____

Damit/daran habe ich gearbeitet: _____

_____

_____

Am meisten habe ich gelernt über: _____

_____

_____

So habe ich gearbeitet: _____

_____

_____

Ich finde auch, dass …: _____

_____

_____

Kommentar des Lehrers: _____

_____

_____

© Verlag an der Ruhr ⊡ Postfach 10 22 51 ⊡ 45422 Mülheim an der Ruhr ⊡ www.verlagruhr.de ⊡ ISBN 978-3-8346-0261-9

92   Individuelle Entwicklungspläne

Kopiervorlage „Themenformular" (s.S. 92)

zu beobachten, festzustellen und zu fördern, als in den inhaltlichen Zielen, die eben nur den Lehrplan konkretisieren, formuliert ist. Stellen Sie sich den IEP wie eine Art Wegbeschreibung vor: Nur gewisse Punkte werden angegeben, aber es können natürlich nicht alle Details auf dem Weg beschrieben werden, obwohl auch diese passiert werden müssen. Laut der Verordnung der Regierung 2001/02:188 dürfen die Mitteilungen an die Eltern in Schweden nicht formalisiert oder standardisiert sein. Dass wir im IEP standardisierte Formulare haben, bedeutet daher nicht, dass sie die einzigen Informationsquellen sind – sie sollen als Teil eines Ganzen gesehen werden.

✳ Unsere Berufsethik

Unter der Rubrik *Wertegrund* haben wir uns natürlich auch Gedanken über die geltende Ethik unserer Arbeit gemacht. Im Jahr 2000 verabschiedeten die beiden Gewerkschaften Lärarnas Riksförbund und Lärarförbundet ethische Richtlinien für den Lehrerbund. Uns ist jedoch besonders wichtig, dass unsere Ausbildung und unsere Arbeit selbst bestimmte Werte zu Grunde legt, nicht zuletzt auch, um den gesellschaftlichen Status unserer Berufsgruppe zu erhöhen und das uns entgegengebrachte Vertrauen und die Akzeptanz in der Gesellschaft zu vergrößern.

Jeden Schüler individuell zu fördern, und dennoch Teamarbeit und ein Zusammengehörigkeitsgefühl in der Gruppe zu initiieren, setzt voraus, dass man sich auch selbst über seine eigenen Werte im Klaren ist. In den Richtlinien wird u.a. betont, dass bei unserer Arbeit der Schüler im Zentrum steht, sowohl als Individuum als auch als Mitglied einer Gruppe. Wir Pädagogen müssen bei unserer Arbeit eine **Balance zwischen dem Individuum und der Gruppe finden**. Das ist eine komplexe Aufgabe. Die Richtlinien heben die Verhaltensweisen hervor, die wir bei unserer täglichen Arbeit befolgen sollten.

✳ Die Berufsethik des Lehrers

Der Schüler steht immer im Zentrum

Bei unserer Arbeit stehen die Schüler und ihr Lernen im Zentrum. Wir Lehrer erleben die Schüler als Individuum und als ein Teil eines Kollektivs. Dies ist eine sehr komplexe Aufgabe, und wir müssen die Balance finden, den Schüler als Individuum und als Mitglied einer Gruppe wahrzunehmen.

Wir Lehrer verpflichten uns bei unserer Berufsausübung

➡ die Verantwortung für den Wissenserwerb der Schüler zu tragen, seine persönliche Entwicklung zu unterstützen und gute Voraussetzungen für das Lernen, für die Entwicklung und für die Entfaltung des kritischen Denkens zu schaffen.

Das Kind steht immer im Mittelpunkt

- → den Schülern immer mit Respekt zu begegnen sowie jeden einzelnen vor Verletzung, Kränkung und Schikane zu schützen.

- → niemanden auf Grund seines Geschlechts, seiner sexuellen Identität, ethnischen, politischen und religiösen Zugehörigkeit oder seines sozialen und kulturellen Hintergrundes zu diskriminieren, auch nicht seiner schwachen Leistungen.

- → die Rechte der Schüler zu unterstützen, ihre Ausbildung zu fördern und ihnen zu helfen, das Verantwortungsgefühl für ihr Lernen zu entwickeln.

- → bei Auswertungen, Beurteilungen und der Zensurensetzung sachlich und gerecht zu sein.

- → vertrauensvolle und wertschätzende Beziehungen zu den Schülern und deren Erziehungsberechtigten zu entwickeln und offen für ihre Bedürfnisse zu sein.

- → mit Informationen über die Schüler diskret umzugehen und Informationen, die im Dienst entgegengenommen wurden, nur weiterzugeben, wenn es dem Schüler dient.

✳ Der Lehrerberuf und die professionelle Berufsausübung

Der Lehrerberuf baut auf das Vertrauen der Gesellschaft auf und erfordert eine große Verantwortung. Wir Lehrer sollten daher unser Berufswissen und unsere Berufserfahrung sehr verantwortungsbewusst und professionell anwenden, um die Qualität unserer Arbeit zu erhöhen. Dies geschieht in dem Wissen, dass sich die Qualität unserer Arbeit direkt auf unsere Gesellschaft auswirkt.

Individuelles Lernen: Jeder arbeitet an seinen Zielen

Wir Lehrer arbeiten ausgehend von wissenschaftlichen Kenntnissen über das Lernen, die wir im Studium erworben haben, und entwickeln unsere pädagogische Arbeit entsprechend der aktuellen Forschung und unseren praktischen Erfahrungen weiter. Wir Lehrer übernehmen daher nicht nur die Verantwortung für die direkte Arbeit mit den Schülern im Unterricht, sondern auch für die Weiterentwicklung unserer Schulprogramme. Zudem sollten wir uns fair und offen gegenüber unseren Kollegen verhalten, im Team miteinander arbeiten und uns gegenseitig den Rücken stärken. Es muss jedoch eingegriffen werden, wenn ein Kollege kränkend gegenüber einem Schüler auftritt oder dessen Rechte beschneidet. Regelmäßige Teamsitzungen, in denen über die Stärken und eventuelle Schwächen der eigenen Arbeit gesprochen wird, sind daher wichtig für eine erfolgreiche Bildungsarbeit und die Zufriedenheit mit der eigenen Arbeit.

Wir Lehrer verpflichten uns bei unserer Berufsausübung

➡ unsere Arbeit ausgehend von wissenschaftlichen Erkenntnissen und erprobter pädagogischer Praxis auszuführen und zu entwickeln.

➡ die Verantwortung für die Entwicklung unserer pädagogischen Kompetenz zu tragen, um einen guten Unterricht durchführen zu können und die berufliche und wissenschaftliche Entwicklung auf unserem Gebiet zu verfolgen.

➡ die Verantwortung für die Lernentwicklung der Schüler zu tragen.

➡ auf den Schüler schädigende Entwicklungstendenzen und Handlungen in der Schule und der Gesellschaft zu reagieren.

➡ die Arbeit der Kollegen und anderer Berufsgruppen im Schulalltag zu respektieren.

➡ wenn nötig, externe Berater wie z.B. Schulpsychologen heranzuziehen, um bei Bedarf den Schülern helfen zu können.

✳ Die Aufrechterhaltung der Berufsethik der Lehrer

Um die Stellung und den Status unserer Lehrerprofession zu verteidigen, ist es wichtig, dass wir Lehrer unsere Berufsethik aufrechterhalten.

Wir Lehrer verpflichten uns bei unserer Berufsausübung

➡ die berufsethischen Prinzipien aufrecht zu erhalten, indem wir darüber immer wieder bei der gemeinsamen Arbeit diskutieren.

➡ vermeintliche Fehler anzusprechen, konstruktive Kritik vorzutragen und im äußersten Fall durch aktives Handeln einzugreifen, wenn im Kollegium Verstöße gegen unsere ethischen Prinzipien sichtbar werden.

Die Qualitätsarbeit

❉ Die Lernentwicklung fördern

Alles, was wir im Kindergarten und in der Schule machen, kann als eine Form des Lernens gesehen werden. Das Lernen – in allen diesen Formen – ist der hauptsächliche Inhalt unserer Arbeit. Wir bezeichnen daher die Förderung der Lernentwicklung jedes Kindes als unsere Hauptaufgabe. Doch wie lässt sich diese Aufgabe wirklich erfüllen und evaluieren? Wir produzieren schließlich keine Waren, deren Entwicklung leicht zu verfolgen ist. Es ist daher recht schwer, die Hauptaufgabe des Kindergartens und der Schule zu konkretisieren. Für uns ist die Konkretisierung unserer Arbeit dennoch sehr wichtig. Wir brauchen **Methoden**, die uns die individuelle Entwicklung der Schüler und den unsichtbaren "Prozess" des Lernens aufzeigen. Indem wir das Lernen als einen Prozess betrachten, betonen wir, dass wir das Lernen in Teilziele untergliedern und die **Lernentwicklung** messbar machen können. Wir haben beschlossen, das Lernen in die Hauptbereiche, die in den Rahmenplänen zu finden sind, zu unterteilen. Eine wichtige Rolle spielt dabei auch die Entwicklung des sozialen Lernens.

❉ Die Hauptprozesse des Lernens

In unserer täglichen Arbeit führen wir den „heimlichen Lehrplan" mit dem, was in den Rahmenplänen und Kursplänen beschrieben wird, zusammen. Das sehen wir als sehr wichtig an. Wenn wir solche Verbindungen nicht haben, ist das Risiko groß, dass die Erlasse und unsere Visionen weit von der Wirklichkeit, in der wir arbeiten, entfernt sind.

Die soziale Entwicklung findet sich vor allem unter „Normen, Werte und Fürsorge" wieder, aber auch im Verantwortungsteil. Die Verantwortung macht einen großen Teil der sozialen Entwicklung aus, und über sie wird häufig beim Entwicklungsgespräch gesprochen. Die Stufenformulare im IEP-Ordner sind zum einen ein gutes System, um die Kinder anzuleiten, Verantwortung für ihr eigenes Lernen zu übernehmen. Das verbessert häufig auch die Mitarbeit und die Einsatzbereitschaft der Schüler. Um diesen Aspekt noch zu erhöhen, haben wir beschlossen, auch mit dem Portfolio zu arbeiten. Vor allem im Kindergarten werden von den Kindern die Lernbeweise in Portfolios gesammelt, wenn es darum geht, den Kindern ihre eigene Lernentwicklung zu verdeutlichen. Die IEP-Materialien bearbeiten die Kindergartenkinder selber nicht, sie sind dort nur Material für die Erwachsenen.

Die Lernentwicklung in den einzelnen Unterrichtsfächern gehört zu „Entwicklung und Wissen". Die Schule wird traditionell nur ausgehend von diesem

| Normen, Werte und Fürsorge |
| Entwicklung und Wissen |
| Verantwortung, Engagement und Zusammenarbeit |

Aspekt gesehen, aber die anderen Bestandteile sind mindestens genauso wichtig, um die Voraussetzung für ganzheitliches Lernen in allen Bereichen zu schaffen.

✳ Was ist Qualität?

Wir sehen unsere Arbeit mit dem IEP als einen Teil unserer **Qualitätsarbeit**. Wir wünschen uns ein System, das eine gewisse Gleichwertigkeit, einen gewissen **verbindlichen Maßstab** für unsere Schüler garantiert. Jeder von uns hat eine unterschiedliche Herangehensweise an die Arbeit, aber gewisse Dinge sollten wir einheitlich handhaben. Wir sollten uns z.B. darüber einig sein, wie wir die Zielerfüllung beurteilen oder wie die Übergänge zwischen den Einrichtungen vonstatten gehen sollen. Durch den IEP-Ordner haben wir ein gemeinsames Konzept entwickelt, die Entwicklung der Kinder zu dokumentieren mit dem Ziel, dass das Material eine gewisse Gleichwertigkeit sichert. Der IEP liefert uns damit eine gute **Grundlage für unsere laufenden Verbesserungen**, die Qualitätssicherung. Durch die Strukturierung der Rahmenpläne in Form unserer Stufenformulare im IEP haben wir diese konkreter und übersichtlicher gemacht, was die Qualitätsarbeit erleichtert.

Mit Qualität ist es wie mit der Schönheit; sie liegt im Auge des Betrachters.

Also sollte Qualität etwas sein, das von dem beurteilt wird, der uns betrachtet, an den wir uns mit unserer Arbeit wenden. Wie zufrieden ist die Person, der wir unsere Arbeit anbieten? Das hängt davon ab, welche Erwartungen vorhanden sind und ob wir diese erfüllen. Übertreffen wir die Erwartungen, würde das sicher als eine sehr hohe Qualität bewertet werden. Aber wer betrachtet uns? Oder zugespitzt: Wer sind unsere Kunden? Wenn wir das wissen, müssen wir herausfinden, welche Erwartungen sie an uns stellen. Aber wir sollten auch nicht uns selbst vergessen – was sehen wir als gute Qualität bei unserer Arbeit an?

✳ Der Kundenbegriff

Unsere Schüler und deren Eltern als Kunden zu bezeichnen, stößt natürlich bei vielen auf Irritation und wirkt erst einmal sehr befremdlich. Das liegt daran, dass wir mit dem Begriff eine Person assoziieren, die mit der Geldbörse in ein Geschäft kommt und eine Ware kauft. Natürlich passt das nicht zu unseren Schülern. Indem man den Kundenbegriff erweitert zu „jemanden, für den wir einen Wert schaffen", wird er anwendbar für jede Art von Arbeit und besonders für uns, da wir mit Menschen arbeiten. Denn wer will nicht gern nach einem Arbeitstag nach Hause gehen und sagen, dass er für jemanden einen Wert geschaffen hat?

Doch was ist der Sinn, im Zusammenhang mit der Schule einen so generellen Begriff zu verwenden? Nicht der Begriff selbst ist wichtig, sondern wie wir uns gegenüber dem Menschen verhalten, für den wir einen Wert schaffen wollen. Oft ist es dabei sehr lehrreich, andere Arbeitsgebiete zu betrachten, vielleicht mit einem ganz anderen Auftrag. Erleichternd dabei ist, wenn wir dieselbe Sprache sprechen und gemeinsame Begriffe verwenden.
Im Gesundheitswesen ist es der Patient, in der Schule der Schüler, aber beide Institutionen arbeiten, um Werte für Kunden zu schaffen.

Der Begriff **Kunde** ist in allen Unternehmen anwendbar, und wir können, indem wir über unsere Kunden sprechen, unsere Verhaltensweise und Methoden verstehen lernen und voneinander lernen, um eine größere Zufriedenheit der Kunden zu erreichen. Wir bezeichnen natürlich die Kinder und Eltern nicht direkt als Kunden, aber wir verwenden den Begriff in unseren Diskussionen. Unsere Kunden sind die Kinder und Jugendlichen, mit denen wir arbeiten, sowie deren Eltern. Sie sind es, für die wir vor allem da sind, für die wir einen Wert schaffen, sodass sie zufrieden mit unserer Arbeit sind. Darüber hinaus gibt es natürlich noch andere, die sich für unsere Arbeit interessieren – die Ministerien, der Staat und die Kommune.

Die Qualitätsforderungen der Ministerien sind in den Erlassen vorgegeben, und wir müssen diese Ziele erfüllen können. Bereits hier kann man einen Gegensatz erkennen. Es ist nicht immer so, dass die Erwartungen der Schüler mit den Erlassen übereinstimmen. In den Erlassen werden die Erwartungen der Gesellschaft an ihre Mitbürger herausgestellt. Dies sind jedoch Erwartungen, die der Teenager oft nicht als sein primäres Bedürfnis in allen Lebenslagen ansieht. Wir müssen daher danach streben, eine Balance zu finden zwischen dem Kunden, dem Auftraggeber und unseren eigenen Qualitätsanforderungen, sodass die Bedürfnisse aller erfüllt werden.

Der Kindergarten ist daran gewöhnt, kundenorientiert zu denken, da dieses System ursprünglich vor allem eine Art Servicefunktion für arbeitende Eltern hatte. Man ist dort daran gewöhnt, sich den verschiedenen Wünschen und Bedürfnissen der Kinder und vor allem der Eltern anzupassen. Zudem gibt es erst seit kurzem auch verbindlichere Erlasse (der Rahmenplan Lpfö98) für den Kindergarten mit einem deutlich formulierten Auftrag.

Für die Schule galt immer das Gegenteil – die Ministerien haben immer die Aufgaben und Ziele der Arbeit vorgegeben. Jetzt haben wir alle, die im Kindergarten und der Schule arbeiten, die Möglichkeit, voneinander zu lernen. Der Kindergarten kann die Kundenorientierung vermitteln, und die Schule trägt zu einer Konkretisierung der neuen Erlasse für den Kindergarten bei.

❋ Wann entsteht Qualität?

Für den Begriff „**Qualität**" gibt es so viele Definitionen, Methoden, Mess-Systeme und Lehren, dass man manchmal nicht mehr weiß, welchen Qualitätsbegriff man für seine eigene Arbeit zu Grunde legen soll.

Es ist wichtig, dass wir die Qualitätsarbeit als eine ständige Entwicklung ansehen und ständig daran arbeiten. Wir müssen uns auch darüber bewusst sein, dass das, was gestern Qualität war, nicht zwangsläufig auch heute Qualität bedeuten muss. Die Erwartungen an uns und unsere Arbeit verändern sich kontinuierlich, was bedeutet, dass die Diskussion über die Qualität nicht abreißen darf.

Der **Schlüssel zur Qualität** bei unserer Arbeit ist nach unserer Ansicht die Begegnung. Bei der Begegnung mit unseren Kunden, also Kindern, Jugendlichen und ihren Eltern, entsteht die Entwicklung der Qualität. Wir stellen uns folgende Fragen:

- ➡ Wie begegnen wir den Eltern, die am Morgen ihr Kind im Kindergarten abgeben?

- ➡ Wie antworten wir einem Schüler, wenn er etwas fragt?

- ➡ Was signalisieren wir mit unserer Verhaltensweise?

- ➡ Wie bauen wir Beziehungen zu denen auf, für die wir einen Wert erschaffen wollen?

❋ Was ist Qualitätsarbeit?

Die Qualitätsarbeit ist **der Schlüssel zum Erfolg** und zugleich **das Wagnis**, weitsichtig und langfristig zu arbeiten. Trotz täglicher Arbeit und einem zu geringen finanziellen Budget müssen wir uns die Zeit nehmen und wagen, nach vorne zu schauen und nach langfristigen Lösungen zu suchen, die mit Teilzielen sofort umsetzbar sind. **Viele der Maßnahmen brauchen Zeit**. Aber wenn wir wissen, wohin wir wollen, und daran arbeiten, dahin zu kommen, erreichen wir auch das Ziel. In vielen Fällen geht es sogar schneller, als wir zu hoffen wagten. Wenn wir – oftmals unter dem Druck, schnelle Resultate vorzuweisen, z.B. bei dem jährlichen Qualitätsnachweis – nur unsere kurzfristigen Ziele

Eltern mit einbeziehen

täglichen Entscheidungen, und auch die Schüler wissen sehr genau, welche Konsequenzen welches Verhalten nach sich zieht, wie welche Organisationsmaßnahmen ablaufen usw. Vorher bestimmte Regeln aufzustellen ermöglicht zudem, Probleme besser voraussehen zu können, die ein sofortiges Handeln erfordern.

Bei der Qualitätsarbeit geht es vor allem auch darum, **sich selbst und seine eigene Arbeit bewusst wahrzunehmen und zu reflektieren**. Unserer Meinung nach sollten so viele Pädagogen wie möglich in die Arbeit mit dem Qualitätsnachweis involviert sein. Bei uns sind alle Abteilungen und Pädagogenteams dabei und machen quantitative und qualitative Beurteilungen. Erst wenn wir uns selbst und das Resultat unserer Arbeit evaluieren, können wir eine Analyse machen und darüber diskutieren, was verbessert werden sollte.

Dabei soll es nicht darum gehen, nur Fehler aufzuzeigen und zu analysieren, was nicht funktioniert. Die Voraussetzungen verändern sich und wir hoffentlich mit. So ist es ganz natürlich, dass das, was wir früher für eine gute Arbeitsweise gehalten haben, für uns nun nicht mehr die Beste ist, auch wenn die Arbeitsweise nicht schlecht war. Diese Sichtweise ist wesentlich motivierender und ermöglicht eine konstruktivere und positivere Arbeitsweise.

Wir müssen uns fortwährend neuen Voraussetzungen und Erwartungen anpassen, uns verbessern und uns weiterentwickeln.

Das macht auch viel mehr Spaß, als nur nach Fehlern zu suchen. Damit das funktionieren kann, müssen wir jedoch unsere Arbeitsweise genau analysieren. Wir müssen festlegen, was wir verbessern wollen, deutliche Ziele dafür setzen und mit neuen Routinen arbeiten. Wir haben festgestellt, dass auch dabei der IEP eine große Hilfe sein kann. Die Arbeit mit dem IEP hilft, unsere eigene Arbeit und unsere Verbesserungen zu evaluieren. Denken Sie täglich: Heute wollen wir etwas besser sein als gestern!

im Auge behalten, riskieren wir, nicht sehr weit in unserer Entwicklung zu kommen. Wenn wir niemals beginnen, einen Weg zu gehen, weil er uns als zu mühselig und lang erscheint, dann bleiben wir die ganze Zeit auf derselben Stelle stehen.

Was heißt die **Qualitätsarbeit**? Zum großen Teil ist es Struktur- und Routinearbeit, die Erschaffung einer Art Rückgrat oder Fundament für unsere Arbeit. In unserer täglichen Arbeit müssen wir in jeder Minute viele kurzfristige Entscheidungen treffen, die unmittelbares Handeln erfordern. Dadurch haben wir oftmals das Gefühl, dass uns für die Qualitätsarbeit keine Zeit bleibt. Das ist stressig, ermüdend und häufig destruktiv für die kontinuierliche Entwicklungsarbeit.

Wenn wir stattdessen systematischer und strukturierter arbeiten können und für das, was regelmäßig wiederkehrt, **Routinemaßnahmen** entwickeln, sparen wir Zeit und Energie. Über das, was regelmäßig und in einer bestimmten Weise gehandhabt wird, sollte man sich vorher einig sein. Es ist vorteilhaft, solche Maßnahmen genau zu beschreiben. Das erleichtert uns selbst die

✳ Der Qualitätsnachweis

Wir alle, die im Kindergarten und in der Schule arbeiten, stellen fest, dass sich in den letzten Jahren die Anforderungen und Erwartungen an uns erhöht haben. Indem der Arbeitgeber einen **jährlichen Qualitätsnachweis** über unsere Arbeit verlangt, zwingt er uns, Rechenschaft über unsere Arbeit und unsere Zielerfüllung abzulegen. Für viele scheint die jährliche Rechenschaft hauptsächlich zu bedeuten, dass man sich so positiv wie möglich darstellen soll. Dabei sollte man sich fragen, für wen wir den Qualitätsnachweis machen und mit welchem Ziel. Selbstverständlich ist er eine Form der Kontrolle, aber vor allem sollten wir ihn nutzen, um unsere eigene Arbeit zu bewerten und herauszubekommen, was unsere Kunden darüber denken.

Wir haben eine größere **Verantwortung** in Bezug auf die Umsetzung der Steuerungsdokumente bekommen, und das bringt auch ein gewisses Maß an Selbstkontrolle mit sich. Statt sich also nur destruktiv über die vermehrte Kontrolle zu beschweren, sollten wir darüber nachdenken, wem die Erlasse nützen sollen. Wen haben wir vor Augen, wenn wir unsere Zielerfüllung analysieren? Wenn unsere Kunden zufriedener sind mit unserer Arbeit, werden auch für uns die Voraussetzungen für unsere Arbeit verbessert – wer arbeitet nicht gerne mit zufriedenen Schülern und Eltern? Unabhängig davon, welche Instrumente man für die Qualitätsarbeit (Planung, Zielsetzung, Evaluierung) verwendet, kann das IEP-Material ein Teil der Grundlagen sein. Das IEP-Material hilft bei der Planung des Unterrichts und gibt bei der Auswertung sehr deutlich Aufschluss darüber, an welchen gemeinsamen Zielen der Qualitätsarbeit noch gearbeitet werden muss.

✳ IEP als Mess- und Steuerungsinstrument

Bei der Arbeit mit den ständigen Verbesserungen müssen wir das Resultat und die Zielerfüllung messen können. In der Schule ist es schon lange Tradition, **Schülerleistungen** zu messen. Diese sind es auch, für die sich die Medien interessieren, wenn man die Schulen miteinander vergleicht – auch wenn man damit vergleicht, was nicht zu vergleichen ist, weil die Voraussetzungen so unterschiedlich sind. Das ist vermutlich etwas, womit man leben muss. Die Zensuren sind trotz allem ein Maßstab für unsere Zielerfüllung, aber es gibt auch vieles andere, das wir betrachten können: Wie lernen die Kinder und Jugendlichen bei uns? Wie begegnen wir den Eltern? Wie sieht es mit der Mitarbeit und der Möglichkeit zur Einflussnahme der Eltern aus? All das hat eine Bedeutung für das Lernen und vor allem auch eine Bedeutung für das Leben unserer Kinder und Jugendlichen, wenn sie die Schule verlassen.

Deshalb machen wir zwei Mal im Jahr eine **Evaluation** und erheben, mit welchen Stufenformularen unsere Schüler in Schwedisch, Mathematik und Englisch arbeiten.

Sich Zeit nehmen für alle Kinder

Das ergibt ein Bild, wie sich die Stufen altersmäßig verteilen. Die Messergebnisse verwenden wir als Diskussionsgrundlage für unsere Arbeit.

Wir können das Ergebnis auch als Grundlage für Überlegungen nutzen, wie unsere Arbeit mit den Kindern und Jugendlichen zu organisieren ist. Das Pädagogenteam kann analysieren, was weiterentwickelt werden sollte, sowie über die Methoden, geeignetes Material oder Weiterbildung diskutieren. Die **Stufenformulare** werden auf diese Weise ein Werkzeug der Qualitätsarbeit. Unsere Analysen und Diskussionen verdeutlichen den Verbesserungsbedarf und die Ziele für die weitere Arbeit, die schließlich in dem jährlichen Qualitätsbericht aufgezeigt werden.

Wenn wir die individuellen Entwicklungspläne auswerten, und dabei prüfen, wo sich der Schüler im System befindet, geschieht das einzig und allein mit der Absicht, „uns selbst zu sehen". Er wird nicht verwendet, um die Leistungen der Schüler zu beurteilen. Wir wollen mit den Messungen erkennbar machen, was verbessert werden muss, um die bestmöglichen Voraussetzungen für das Lernen unserer Schüler zu schaffen.

Dabei setzen wir unsere Ziele nicht, um festzulegen, wann wie viele Kinder auf welcher Stufe sein sollten. Das ist nicht die Absicht, die wir mit dieser Arbeitsweise verfolgen. Denn wenn man so vorgeht, muss man sich des Risikos bewusst sein, dass nur die direkt messbaren Ziele gesehen und verfolgt werden.

Erfahrene Pädagogen wissen, dass so viel mehr dazu gehört, was auch mit zur Qualität der Arbeit beiträgt. Das muss natürlich auch bedacht werden. Dennoch müssen wir darauf reagieren, wenn viele Schüler die in den IEP-Formularen beschriebenen Ziele gar nicht oder nur sehr langsam erreichen. Dann ist es an der Zeit, nachzudenken, welche **Voraussetzungen zur Zielerreichung** vorhanden sind und wie diese verbessert werden können.

Die Analyse kann auch dazu führen, dass wir unsere IEP-Formulare überdenken und überlegen, ob wir vielleicht andere Ziele setzen müssen. Ziele für die Kreativität oder die Fähigkeit zur Problemlösung zu setzen und das Resultat der Zielerfüllung zu messen, ist fast unmöglich. Aber wir können auf jeden Fall darüber nachdenken, wie man gute Voraussetzungen für die Entwicklung solcher Fähigkeiten erzeugt.

Ausfüllen der Stufenformulare

Es ist wichtig, dass das Messergebnis allen Pädagogen präsentiert wird, über das dann gemeinsam diskutiert wird. Schließlich werden wir alle gebraucht, arbeiten gemeinsam an der Qualitätsentwicklung mit und sind verantwortlich für den Erfolg der Kinder und Jugendlichen.

Die Beurteilung

Wenn wir an **ständigen Verbesserungen** arbeiten und den Prozess des „Lernens" sichtbar machen wollen, müssen wir auch die Qualität der Schülerbeurteilungen sichern. Diese muss so **objektiv**, **transparent** und **nachvollziehbar** wie möglich sein. Die Schüler müssen wissen, was von ihnen erwartet wird und was erforderlich ist, um die Ziele erreichen zu können.

Die schwedische Regierung drückt es in ihrem Schreiben 2001/02:188 wie folgt aus:

„Eine Ausbildung von höchster Qualität zeichnet sich dadurch aus, dass jeder Schüler die Ziele seiner Ausbildung kennt und versteht. Bei einer solchen Ausbildung arbeiten die Schüler und die Lehrer zusammen, um den Weg für die nationalen Ziele zu bahnen. Wie die Wissensentwicklung aussieht und welche Maßnahmen nötig sind, das wird laufend vom Lehrer und vom Schüler ausgewertet, im Dialog mit den Eltern. Deshalb sollten in der Grundschule zusätzliche Formen des Informationsaustausches entwickelt werden, die darüber Auskunft geben, was der Schüler benötigt, um die Ziele erreichen zu können, und welche Maßnahmen dafür ergriffen werden."

Die Eltern fragen uns häufig, was das einzelne Kind im Vergleich zu den anderen in der Gruppe leistet. Wir antworten darauf, dass wir mit solchen Vergleichen aufgehört haben, denn jetzt gelte die individuelle Arbeit mit Zielen und nicht, welchen Platz man in der Gruppe einnimmt. Wir messen die Schülerleistungen an festen Kriterien und an **ihrem eigenen Lernzuwachs**, nicht jedoch im Vergleich mit den anderen. Schließlich wollen Eltern eigentlich auch gar nicht wissen, ob ihre Kinder besser oder schlechter sind als andere, sondern wie sich das Wissen und Können im Verhältnis zum Alter oder gegenwärtigen und zukünftigen Erwartungen verhält. Da sie diesbezüglich oft nicht deutlich genug informiert werden, versuchen sie, ihr eigenes Kind mit den Kindern der Gruppe zu vergleichen.

Wir müssen erläutern können, welche **Erwartungen** vorhanden sind und welche Ziele erreicht werden sollen. Die Zeit und die Wege zur Erreichung der Ziele sind individuell, aber von allen wird erwartet, dass sie die Ziele erreichen. Zu berichten, welche Spannweite akzeptabel ist, was beunruhigend sein kann oder woran intensiver gearbeitet werden muss, bedeutet, die Eltern an der Arbeit teilnehmen zu lassen. Es ist falsch, eine Zusammenarbeit mit den Elternhäusern zu erwarten, wenn die Eltern nicht wissen, welche Erwartungen an die Kinder gestellt werden.

In den **politischen Debatten** wird in Schweden oft darüber diskutiert, ab welchem Zeitpunkt die Schule Zensuren geben sollte, damit die Schüler und die Eltern über den Lernstand im Verhältnis zu den gesetzten Zielen informiert werden. Wir haben darüber diskutiert, ob sich Zensuren dafür überhaupt eignen oder ob Zensuren nicht eigentlich nur dazu da sind, die Kinder zu sortieren und zu selektieren.
Wir sind zu dem Ergebnis gekommen, dass es besser ist, eine Methode zu haben, die die Lernentwicklung direkt verfolgt, z.B. die Stufenformulare. Diese schließen dabei die Zensuren nicht zwangsläufig aus.

Die **Stufenformulare** legen das Augenmerk mehr auf den Prozess der Zielerreichung als auf die Zielerreichung selbst, und sie erfassen auch die soziale Entwicklung. Mit den Stufenformularen beurteilen wir aber nicht den Grad der Zielerfüllung. Die Stufenformulare sind keine Grundlage für die Zensurensetzung, sondern beschreiben den Weg zum Ziel. Der Grad der Zielerfüllung wird stattdessen in den Zensurenkriterien beschrieben. Durch die Stufenformulare wollen wir alle kleinen, erforderlichen Schritte zur Zielerfüllung aufzeigen, den Schüler selbst über sein Lernen und Wissen reflektieren lassen und ausgehend davon gemeinsam die Fortsetzung der Arbeit planen.

☀ Methoden für die Beurteilung

Wie kann die Zielerfüllung nachgewiesen werden? Der Kindergarten arbeitet viel mit der Beobachtung als Methode. Man beschließt, was man beobachten will, und notiert ausgehend davon, was man wahrnimmt. Das Spiel, das freie und das gelenkte, ist die wichtigste Lernmethode im Kindergarten. Hier funktioniert auch die Beobachtung ausgehend von den Stufenformularen besonders gut. Wenn die Kinder spielen, haben wir die Möglichkeit, strukturierte Beobachtungen zu machen, die dann als Grundlage für die weitere Arbeit dienen.

Schüler zu übertragen. Die Schüler sind verpflichtet, nachzuweisen, dass sie das Ziel erreicht haben. Auf welchem Weg und zu welchem Zeitpunkt ist dabei sehr unterschiedlich.

Es ist von Vorteil, für den Nachweis der Zielerreichung eine Art Grundmaterial zu haben, z.B. eine Anzahl von Texten mit Aufgaben oder gewisse praktische Mathematikaufgaben mit dazugehörigem Material. Aber wir müssen auch darauf achten, nicht zu statisch zu werden. Schüler sollten das standardisierte Material nicht wie eine Art Leistungstest abarbeiten und so ihre erreichten Ziele nachweisen. Stattdessen müssen wir uns auch **Variationen** ausdenken, ausgehend von den Lernstilen der Schüler. Wichtig ist dabei, dass wir dabei gemeinsam den Schwierigkeitsgrad und die Anforderung an die Zielerfüllung festlegen, sodass die Beurteilung nicht davon abhängig ist, welcher Pädagoge beurteilt.

Unterschiedliche Lernmethoden anbieten

Sich Zeit zu nehmen, um über die Art der Beurteilung zu diskutieren, bevor den Schülern die Ziele präsentiert werden, ist wichtig. Unsere Erfahrung hat gezeigt, dass es einen professionellen Eindruck macht, wenn das Pädagogenteam **Einigkeit** und **Übereinstimmung** zeigt: „*Wir sind unterschiedlich, und wir arbeiten auch nicht gleich, aber wir haben den gleichen Wertegrund, die gleichen Erwartungen und stellen die gleichen Anforderungen an die Zielerfüllung.*" Diese Übereinstimmungen geben allen Schülern und den Eltern viel mehr Transparenz und einem selbst sehr viel mehr Sicherheit bei den Entscheidungen.

In der Schule werden viele **Methoden** zur Erreichung der Ziele angewendet. Wir müssen uns daher überlegen, in welcher Form die Schüler ihre Zielerreichung nachweisen können. Das braucht nicht für alle gleich zu sein. Die Zielerfüllung für dasselbe Ziel kann auf unterschiedliche Weise nachgewiesen werden, ausgehend von den unterschiedlichen Voraussetzungen und Lernstilen der Schüler. Hier ergibt sich auch wieder die Gelegenheit, die Verantwortung vom Pädagogen auf den

❋ IEP – Beurteilung im Kindergarten?

Der Lpfö98 für den Kindergarten enthält eine Menge von Zielen, die die Richtung der Arbeit angeben und die gewünschte Qualitätsentwicklung ausdrücken. Demnach verwendet der Kindergarten die Stufenformulare nicht als Beurteilungsgrundlage, sondern als Dokumentation der Entwicklung und als eine Möglichkeit, die Entwicklung der Kinder sicherzustellen.

Kinder in ihrer Entwicklung begleiten

Im Kindergarten geht es vor allem darum, **das Kind in seiner Entwicklung** zu begleiten und nicht so sehr um das Aufstellen von Zielen. Zu sehen, welche Fortschritte ein Kind in seiner Kindergartenzeit macht, und dies bewusst zu dokumentieren, ist für uns eine Bereicherung.

Die Stufenformulare dienen auch als **Grundlage für die Elternarbeit**. Wir sehen hier große Möglichkeiten für die Mitarbeit der Eltern, da sie sagen können, welche Ziele ihnen besonders wichtig sind, die von uns Pädagogen beachtet werden sollen. Der Kindergarten kann somit die Stufenformulare sowohl als einen Teil der pädagogischen Dokumentation betrachten, die man laut Rahmenplan haben muss, und sie als Grundlage für die pädagogische Planung und Diskussion nutzen.

❋ IEP für die Beurteilung der sozialen Entwicklung

Die **soziale Entwicklung** zu beurteilen ist schwer. Wir wollen niemanden verletzten und auch die Persönlichkeit nicht beurteilen. Das ist nicht unser Auftrag, und wir haben außerdem kein ganzheitliches Bild von der Person. Wir sehen nur einen kleinen Teil des Individuums. Bewerten können und wollen wir dagegen ihre **sozialen Handlungen**. Ein Beispiel: ein Kind weiß sehr wohl, dass die Kleidung aufgehängt werden soll; es weiß auch, wie man es macht, und macht es trotzdem nicht. Dies ist eine konkrete Handlung, die sich auch bewerten lässt.

Wir verwenden die Stufenformulare für die soziale Entwicklung nicht in derselben Art, wie die Stufenformulare für die Entwicklung in den Fächern. Die Stufen für die soziale Entwicklung sind an das Alter bzw. Schuljahr gekoppelt, und die Ziele werden mehr als Empfehlung und nicht als Forderung gesehen. Die Kriterien für die Zielerfüllung sind nur zum Teil vorgegeben und werden in Übereinstimmung mit dem Kind und den Eltern formuliert. Die Stufenformulare für die soziale Entwicklung dienen als Grundlage für die Entwicklungsgespräche und auch für die tägliche Arbeit mit den Kindern. Dabei ist es uns wichtig, auch stets zu betonen, dass wir das konkrete Handeln beurteilen und nicht die Persönlichkeit des Kindes.

Wir haben dafür drei Stufen: *selten, manchmal* und *meistens*. Es kommt oft vor, dass die Entwicklung mal etwas vor und mal etwas zurück geht. In manchen Phasen der Entwicklung schaffen Kinder es plötzlich nicht mehr, sich an gemeinsame Regeln zu halten, obwohl es vorher gut gelang.

Drei Stufen der Beurteilung: ☹ unsicher – ☺ auf gutem Weg – ☺ kann (s.S. 124)

Für die soziale Entwicklung sind nicht so viele Stufenformulare vorhanden. Das liegt daran, dass eine solche Entwicklung eine lange Zeit braucht. Die Kinder brauchen dasselbe Stufenformular dementsprechend länger. Man wird niemals „fertig" sein mit einem Formular der sozialen Entwicklung. Deshalb haben wir den sozialen Formularen **Altersstufen** zugeordnet, sodass das Kind ein neues Niveau zugeordnet bekommt, wenn es ein gewisses Alter erreicht hat. Teilweise wiederholen sich dabei die Ziele und Kriterien. Besonders bei diesen Formularen ist nicht die Beurteilung an sich wichtig, sondern das Gespräch darüber, was die Ziele bedeuten und wie sie im Alltag sichtbar werden.

Bei diesen Formularen bietet es sich auch an, sie hin und wieder gemeinsam in der Gruppe auszufüllen oder immer mal wieder einzelne Kriterien herauszugreifen und in der Gruppe zu besprechen.

❋ Was bedeutet das Wort „kann"?

Für die Entwicklung in den Fächern erfolgt die Beurteilung in drei Stufen: *unsicher, auf gutem Weg* und *kann*. Im Unterschied zu den sozialen Zielen gibt es Kurspläne und Zensurenkriterien als Hilfe. **Aber was bedeutet eigentlich „kann"?** Das wurde eine der wichtigsten Fragen für uns, und diese wurde auch von den Kindergärten und Schulen gestellt, die unser IEP-Material ausprobiert haben. Wann kann man etwas, und wer beurteilt das?

Dies wurde eine bedeutend größere Frage, als wir zu Beginn der Arbeit mit den individuellen Entwicklungsplänen dachten. Es zeigte sich, dass es schwer ist, ausgehend vom Wissen, das Können und die Zielerfüllung gerecht zu beurteilen. Deshalb liegt es oftmals näher, stattdessen subjektiv das Verhalten, die Einsatzbereitschaft oder den Fleiß zu beurteilen.

Als wir deutliche Ziele formuliert hatten und das Beurteilungsniveau *kann* so konkretisierten, dass ausschließlich mit ja oder nein geantwortet werden konnte, wurde das eine brennende Frage. An dieser arbeiten wir immer noch regelmäßig, da deutliche Ziele und eindeutige Kriterien ein grundlegendes Recht sind, wenn man beurteilt wird.

Wann kann man etwas? Wissen ist nicht automatisch beständig, und **Schüler mit Lernschwächen** sind besonders von Schwankungen betroffen. Sofort die Stufenformulare zu holen, sobald man notieren kann, dass ein Ziel scheinbar erreicht ist, zeigt wohl eher, dass man das Formular ausfüllen will, und nicht, dass das Wissen wirklich vorhanden ist. Wir meinen, dass man stattdessen warten soll, bis das Wissen in verschiedenen Zusammenhängen angewendet wurde. Über die Zusammenhänge, das heißt, die Anwendung des Wissens, zu sprechen, ist ein Teil der pädagogischen Diskussion, und in diese sollten auch die Schüler mit einbezogen werden. Selbst wenn man sich im Pädagogenteam über die Kriterien der Beurteilung einig ist, entstehen oft schwierige Situationen. Das ist unvermeidlich, da wir mit Menschen arbeiten. Nach vielen Diskussionen passierte es manchmal, dass wir gelacht haben, weil wir plötzlich an die Weihnachtsmannwerkstatt von Walt Disney gedacht haben, in der der Weihnachtsmann auf das Hinterteil der Puppe einen OK- Stempel drückt, weil sie „Mama" sagt. Aber wir kontrollieren keine Puppen, und alle Kinder und Jugendlichen sind bereits „OK", wenn sie zu uns kommen. Trotz dieses Bewusstseins gilt es, verantwortungsvoll mit der Beurteilung und dem Wort „*kann*" umzugehen.

Wir konnten schon häufig feststellen, dass ein **kann** nach den Sommerferien plötzlich **konnte** bedeutet. Die IEP-Materialien helfen uns aber dabei, dies überhaupt festzustellen und Wiederholungen anzubieten, um das Wissen dauerhaft zu festigen.

Der erste Schritt bei der Beantwortung der Frage, wofür *kann* steht, ist, deutliche **Kriterien** zu erarbeiten. Wir haben uns viel Arbeit damit gemacht, die Erlasse durch greifbare Ziele zu konkretisieren, und es hat viele Diskussionen darüber gegeben, was wichtig ist und was mit dabei sein sollte. Eine neue Arbeit war plötzlich das Aufstellen der Kriterien. Es reichte nicht, deutliche Ziele zu setzen, wir sahen uns auch gezwungen, zu erklären, was die Zielerfüllung bedeutet.

Es zeigte sich z.B., dass man mit den Augen des Mittelstufenlehrers die letzten Stufenformulare für Englisch (das heißt für die achte und neunte Klasse) lesen kann und diese ebenso zum normalen Anforderungsniveau für das sechste Schuljahr übersetzen kann, da die Ziele sehr allgemein formuliert sind. Es geschieht eine Entwicklung innerhalb derselben Fertigkeit, und das wurde in der

Das kann ich schon, daran muss ich noch arbeiten – Ausfüllen der Stufenformulare

Zielbeschreibung nicht richtig deutlich. Wir haben deshalb zusammen mit den Kollegen in Bårslöv und Påarp **Kriterien für alle Ziele der Stufenformulare** geschrieben, die uns nicht ganz eindeutig erschienen. Als wir die Kriterien aufgestellt haben, hatten wir die verschiedenen Zielgruppen vor Augen. Die Kriterien sollen von den Schülern, Eltern und den Pädagogen gleichermaßen gelesen werden können. Deshalb war es erforderlich, gewisse Ziele mit unterschiedlichen Beispielen zu belegen, ohne damit die Pädagogen in der Wahl der Methode einzuschränken. Manchmal fiel es uns schwer, ein Beispiel zu finden, welches auch die Eltern verstehen, weil einige Texte nur für die Schule geschrieben wurden.

Wir haben uns bei der Formulierung der Kriterien bewusst an das Kind gewandt, indem wir die Kriterien mit „du" eingeleitet haben. Wir hoffen, dass wir auf diese Weise uns direkt an den wenden, der mit den Zielen des Stufenformulars arbeiten soll. Die Kriterien zu formulieren war ein Balanceakt zwischen der Formulierung von konkreten Details und der Generalisierung der Ziele. Die Kriterien sollen uns, den Schülern und Eltern die Ziele verdeutlichen; zugleich soll sich der Pädagoge nicht im Detail reguliert fühlen. Es soll immer auch Raum für die pädagogische Freiheit da sein. Die Konsequenz daraus ist, dass die Kriterien manchmal als undeutlich wahrgenommen werden können oder nur als eine Umschreibung des eigentlichen Ziels. Manchmal haben wir auch kein Kriterium zu einem Ziel geschrieben, wenn es schon deutlich im Ziel beschrieben wurde.

❊ Tinte oder Bleistift?

Unser IEP-Material ist durch unsere Fragestellungen und deren Beantwortung entstanden. Ein Beispiel ist die oben gestellte Frage, ob der Pädagoge die Stufenformulare mit Tinte oder mit Bleistift ausfüllen sollte. Die Frage gilt natürlich nicht dem konkreten Stift, sondern, ob die **Beurteilung des Pädagogen**

beständig sein soll oder ob es die **Möglichkeit des Ausradierens** geben soll.

Die Stufenformulare sind ein Arbeitsmaterial und werden bei der täglichen Arbeit benutzt. Es ist erwünscht, dass sie während des Arbeitsprozesses mit Anmerkungen versehen werden. Und was macht es, wenn man sehen kann, dass jemand von *unsicher* zu *kann* gelangt ist, das ist nur positiv. Die Anmerkung *unsicher* deutet eher auf ein Bewusstsein und eine Einsicht hin – das wahrnehmen zu können ist genauso wichtig, als nur zu berichten, dass man etwas kann. Auch in diesem Fall ist es wichtig, dass sich das Pädagogenteam einig ist.

Wenn alle Ziele eines Stufenformulars erreicht sind, wird dies in der Stufenübersicht notiert; dieses Mal dauerhaft.

❊ Selbst- und Fremdbeurteilung

Sich selbst im Verhältnis zur Zielerfüllung sehen zu können, ist eine Fähigkeit, die trainiert werden muss. Die **Selbsterkenntnis** ist ein Teil der persönlichen Entwicklung. Die Angabe *unsicher* ist mindestens genauso wichtig wie *kann* und gibt Anlass für eine Diskussion darüber, wie die Arbeit weiter verlaufen soll. Sich ehrlich zu seinem Leistungsstand verhalten zu können, kann zur Entwicklung einer Sicherheit beitragen und die einseitige Fokussierung auf *kann* bei Entwicklungsgesprächen verringern.

Wir fördern die **Selbstreflexion** der Schüler von Beginn an, weil sich dadurch nicht nur die Erkenntnis über den eigenen Leistungsstand entwickelt, sondern auch die Erkenntnis darüber, was dem zu Grunde liegt.

Es steht jedem frei zu sagen: *„Ja, ich bin auf dem Weg, aber ich denke, dass ich das Ziel noch nicht erreicht habe."* Dadurch erreichen wir auch, dass wir eher mit der Einschätzung des Schülers übereinstimmen, wenn der

Schüler *kann* ins Formular schreibt. Unsere Erfahrung ist, dass, wenn man deutlich formuliert, was das Wort *kann* bedeutet, auch kein Konflikt zwischen dem Schüler und dem Pädagogen entsteht.

Es gibt jedoch auch Schüler, die nie mit ihrer Leistung zufrieden sind und sich selbst aus verschiedenen Gründen abwerten.

Auch hier ist die Frage nach dem Wort *kann* wichtig, um als Pädagoge zeigen zu können, dass die Ziele erreicht sind. Wir haben festgestellt, dass viele Schüler damit warten, etwas in die Spalte der Beurteilung auf den Stufenformularen zu schreiben, bis sie das Niveau *kann* erreicht haben.

Unabhängig davon, wie der Schüler sich beurteilt, ist es wichtig, dass sich der Schüler zuerst selbst beurteilt. Es ist weniger interessant für den Schüler, sein Lernen zu reflektieren und sich selbst einzuschätzen, wenn der Pädagoge schon „die Antwort" gegeben hat. Unsere Erfahrung ist, dass der Schüler oft ein sehr realistisches Bild von seinem Leistungsstand hat und mit Hilfe der Kriterien sehr sichere Einschätzungen machen kann.

Die Stufenformulare werden bei der täglichen Arbeit benutzt

Notizen

Austausch, Mit- und Zusammenarbeit

✳ Erfolgreiche Elternarbeit

Die Eltern wollen wissen, wie es im Kindergarten und in der Schule läuft und wo ihr Kind sich im Verhältnis zu dem, was von ihm erwartet wird, befindet. Die Pädagogen des Kindergartens haben einen Vorteil – sie begegnen den Eltern oder jemandem, der dem Kind nahe steht, jeden Tag, wenn das Kind gebracht oder abgeholt wird.
Bei den kurzen Begegnungen werden einige Worte gewechselt, und vor allem werden Beziehungen zwischen den Eltern und Pädagogen aufgebaut, was die Zusammenarbeit zwischen dem Elternhaus und dem Kindergarten oder der Schule begünstigt.

Die Pädagogen in der Schule haben in der Regel nicht die Möglichkeit, **täglich mit den Eltern Kontakt aufzunehmen**. Während der ersten Schuljahre sind die Eltern meist mehr in die Schularbeit integriert, und sie sind genauer darüber informiert, was in der Schule passiert. Das Engagement nimmt häufig ab, wenn die Kinder älter werden. Für die Eltern ist es manchmal sogar schwierig, sich über das, was in der Schule geschieht, auf dem Laufenden zu halten – besonders, wenn die Antwort der Teenager auf die Frage, was sie denn in der Schule gemacht haben, lautet: „Och, nichts Besonderes."

Viele Pädagogen arbeiten vorbildlich daran, die Eltern zu informieren, und nehmen sich viel Zeit, um eine Beziehung zu den Eltern aufzubauen und so ein Fundament für die Zusammenarbeit zu legen. Aber viele Pädagogen sagen trotzdem, dass es schwer ist, alle Eltern zu erreichen. Das bleibt sicher auch so in der Zukunft, aber wir müssen laufend weiter daran arbeiten, unsere Arbeit für die Schüler und die Eltern zugänglich zu machen. Eine Möglichkeit dazu kann der IEP

mit den dazugehörenden Stufenformularen sein. Indem das Material während der ganzen Kindergarten- und Schulzeit die gleiche Struktur hat und alle Pädagogen wissen, wie es funktioniert, finden sich auch die Eltern schnell damit zurecht. Sie können an der Arbeit teilhaben und ausgehend von den Stufenformularen über ihr Kind diskutieren. Außerdem können sie beim Aufstellen des individuellen Entwicklungsplans dabei sein.

Die Eltern, mit denen wir gesprochen haben, haben geäußert, dass sie durch unsere Arbeit mit dem IEP ein gut strukturiertes und konkretes Material bekommen haben, das ganz konkret zeigt, was die Kinder lernen sollen. Sie fanden auch, dass ihre Möglichkeit zur Mitarbeit durch die deutliche Information, woran die Kinder arbeiten, größer geworden ist. Ein Elternteil sagte: „Es wird so viel deutlicher, was wir als Eltern machen können, um unser Kind so gut wie möglich zu unterstützen."

✳ Entwicklungsgespräche

In unserem IEP-Material sind die Aufforderung und die Möglichkeit zur Mitarbeit für die Schüler integriert. Wir wünschen uns, dass die Kinder mehr und mehr daran mitarbeiten und die Verantwortung für ihr eigenes Lernen übernehmen.

Die Voraussetzung dafür ist, dass die Schüler darüber informiert sind, was erwartet wird, sowie Zeit und Gelegenheit zum Gespräch bekommen. Das Entwicklungsgespräch ist deshalb ein sehr wichtiges Instrument für die Arbeit. Während der ersten Kindergartenjahre ist es natürlich ein Gespräch zwischen den Eltern und dem Pädagogen, aber so bald wie möglich sollte das Kind daran teilnehmen. Die Eltern sind meistens mit den Gesprächen zufrieden – sie betreffen ihre eigenen Kinder und die Frage, wie diese im Kindergarten oder in der Schule zurechtkommen. Seitdem wir die Stufenformulare als Grundlage für die Gespräche nutzen, haben wir von den Erziehungsberechtigten häufig die Rückmeldung erhalten, dass die Gespräche strukturierter geworden sind und dass sie nun „schwarz auf weiß" gesehen haben, wie weit ihr Kind in der Entwicklung gekommen ist.

Zur Vorbereitung des **Entwicklungsgesprächs** sind für den Pädagogen die Stufenformulare eine Hilfe – da die Ziele bereits beschrieben sind, brauchen sie nicht für jeden Einzelnen formuliert zu werden. Stattdessen kann für jedes Kind der individuelle Entwicklungsplan formuliert werden, wo mit Hilfe der Stufenformulare die speziellen Ziele für den Schüler ermittelt werden können.

Damit die Eltern an diesem Prozess teilhaben können, ist es wichtig, dass sie genau darüber informiert werden,

➡ welche Ziele erreicht werden müssen,

➡ wo sich der Schüler im Verhältnis zur Zielerfüllung befindet und

➡ was vom Schüler bei der zukünftigen Arbeit erwartet wird.

Der individuelle Entwicklungsplan soll ausgehend von den Stärken und Schwächen des Schülers aufgestellt werden. Die kurz- und langfristigen Ziele sollen herausgearbeitet werden, und es soll deutlich werden, wie die Arbeit zur Zielerfüllung aussehen soll. In diesem Zusammenhang soll auch die Verteilung der Verantwortung besprochen werden, damit mit den Eltern Vereinbarungen getroffen werden können.

Die **Sonderpädagogen** haben manchmal einen schweren Stand bei den Gesprächen. Die Kinder, die spezielle Unterstützung und viel Zeit mit dem Sonderpädagogen benötigen, haben vielleicht sehr zielbewusst gearbeitet und große Fortschritte gemacht, haben aber dennoch nicht die Ziele erreicht. Die Eltern müssen korrekt darüber informiert werden, was von ihren Kindern erwartet wird, aber natürlich wird auch über den vorbildlichen Arbeitseinsatz und den großen Fortschritt der Kinder gesprochen.

Wenn man mit etwas Neuem beginnt, richtet man oft sein Augenmerk nur darauf, dass das, was man sich vorgenommen hat, funktioniert. Es passiert leicht, dass man alles das, was früher gut funktionierte, vergisst oder verwirft, und das soll natürlich nicht geschehen. Wir sehen es als ein Risiko an, dass man sich allzu sehr auf die Stufenformulare konzentriert und das Entwicklungsgespräch nur ein Rechenschaftsbericht über diese wird. Es ist immer noch das Kind, das im Zentrum steht, auch wenn die Stufenformulare als Grundlage für das Gespräch verwendet werden. Es ist besser, dass die Eltern und die Kinder vor dem Gespräch die Möglichkeit erhalten, selbst das IEP-Material durchzuge-

Entwicklungsgespräche
Leitfaden Entwicklungsgespräch Kindergarten

Punkte, über die beim Entwicklungsgespräch gesprochen werden sollte:

1

Ist-Stand

Sprechen Sie über den Eindruck, den Sie als Pädagoge von der Situation des Kindes im Kindergarten haben, und lassen Sie auch das Kind zu Wort kommen, wenn es so alt ist, dass es am Gespräch teilnehmen kann. Zusammen mit den Beobachtungen der Eltern ergibt dies einen Ausgangspunkt für die kommende Arbeit.

Leitfragen:
➡ Fühlt sich das Kind wohl und sicher?
➡ Kameradschaft: Hat es Freunde?
➡ Soziale Entwicklung
➡ Wissensentwicklung
➡ Neugierde
➡ Teilnahme/Mitarbeit

2

Ausblick

Überlegen Sie, wie die weitere Entwicklung des Kindes unterstützt werden kann und was die beteiligten Erwachsenen dazu beitragen können. Die Stufenformulare können als Grundlage für das Gespräch verwendet werden.

Leitfragen:
➡ Braucht das Kind in einem Bereich besondere Unterstützung?
➡ Wie können sich alle daran beteiligen?

© Verlag an der Ruhr ☙ Postfach 10 22 51 ☙ 45422 Mülheim an der Ruhr ☙ www.verlagruhr.de ☙ ISBN 978-3-8346-0261-9

88

Individuelle Entwicklungspläne

Ein Leitfaden hilft beim Führen der Entwicklungsgespräche. (s. S. 88)

hen und ausgehend davon Teile auszuwählen, über die sie sprechen wollen.

In der Regel bereiten die Schüler und die Eltern einen Teil gemeinsam vor, bevor sie zum Gespräch kommen. Mit zunehmendem Alter übernimmt der Schüler eine größere **Verantwortung** für das eigentliche Gespräch. Die Vorbereitungen des Schülers sind ein Teil der Schularbeit, und manchmal werden sie von ihm allein gemacht, manchmal gemeinsam mit dem verantwortlichen Pädagogen.

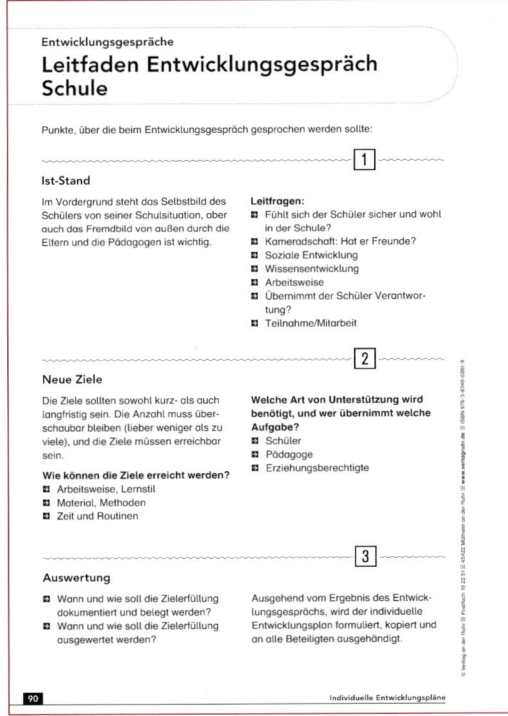

Gesprächsleitfaden für die Schule. (s.S. 90)

Ein großer Teil des Gesprächsinhalts ist die soziale Entwicklung, und dazu werden die Stufenformulare als Gesprächsgrundlage genutzt. Die Formulare werden meistens während des Gesprächs ausgefüllt. Es ist gut, dass drei verschiedene Niveaus der Beurteilung vorhanden sind, weil dadurch Stellung bezogen werden muss. Während des Gesprächsverlaufes wird festgelegt, was verbessert werden sollte und was die drei Partner, Pädagoge, Schüler, Erziehungsberechtigte, dazu beitragen können.
Die kleinen Kinder müssen die Ziele manchmal noch einmal erklärt bekommen. Bei ihnen sollte man zudem nur mit einer Zielsetzung arbeiten und erst bei Erreichung das nächste Ziel festlegen.

Die Beurteilung der sozialen Entwicklung ist noch subjektiver als die der Fächer, da es sich hier um persönliche Bewertungen handelt. Die Eltern haben unterschiedliche Erwartungen an ihre Kinder, wir Pädagogen haben unterschiedliche Erwartungen.
Dessen müssen wir uns bewusst sein.

Die soziale Entwicklung zu beurteilen, erscheint uns manchmal schwieriger, weil es die Persönlichkeit betrifft. Aber keiner der Eltern, mit denen wir gesprochen haben, hatte dagegen Einwände; das Gegenteil war der Fall. „Wenn mein Kind sich schlecht benimmt, ist das natürlich nicht so schön zu hören, aber ich möchte das als Elternteil wissen, damit ich mit meinem Kind darüber sprechen kann." Viele wiesen auch darauf hin, dass die soziale Entwicklung genauso verläuft wie die Lernentwicklung: **Manchmal geht es vorwärts, manchmal auch einen Schritt zurück.** Da kann ein Rückblick angebracht sein, um zu sehen, dass bestimmte Dinge vielleicht vorher gut funktioniert haben oder dass ein bestimmtes Verhalten sich bereits stark verbessert hat.

Wenn wir als Pädagogen eine neue Gruppe übernehmen, können wir keinen Gleichstand in der sozialen Entwicklung der Kinder erwarten, auch wenn alle mit demselben Stufenformular arbeiten. Jeder einzelne hat mit unterschiedlichen Zielen des Stufenformulars gearbeitet. Innerhalb eines gewissen Rahmens gibt es zudem die Möglichkeit, eigene „Kriterien" für die Zielerfüllung zu formulieren.

IEP – konkret
bei der täglichen Arbeit

Eigene Ziele setzen, gemeinsam neue Lernwege gehen

Die Stufenformulare als ein Teil unseres IEP-Materials beschreiben die Lernentwicklung in den Fächern Schwedisch, Mathematik und Englisch sowie im Bereich Motorik. Zum einen verdeutlichen sie die Entwicklung des Kindergartenkindes und zum anderen die Ziele, die in der Schule erreicht werden sollen. Jedes Fach ist in mehrere Stufen eingeteilt, und jede Stufe birgt verschiedene Teilbereiche, unter denen die Ziele angegeben sind. Manche Fächer haben mehr, andere weniger Stufen. Eine Stufe darf nicht zu umfassend sein und nicht zu viele Ziele beinhalten. Da die Gewichtung und der zeitliche Umfang der Fächer variiert, variiert auch die Anzahl der Stufen. Wenn alle Ziele einer Stufe erreicht sind, wird das in der Übersicht notiert. Durch die übersichtliche Darstellung ist es leicht, die Entwicklung zu verfolgen.

Zusätzlich zu den Stufen der Fächer gibt es die Stufen für die soziale Entwicklung. Diese dienen jedoch nicht zur Bewertung, sondern haben mehr die Funktion einer Diskussionsgrundlage.

Der IEP-Ordner wird vor allem als Informationsträger beim Entwicklungsgespräch und bei einem Wechsel des Pädagogen verwendet. Der Ordner begleitet das Kind während der ganzen Kindergarten- und Grundschulzeit. Daher ist der Inhalt aus Platzgründen reguliert und begrenzt. Es ist wichtig, dass wir die Eltern über unsere Arbeit mit dem IEP-Ordner und die Anwendung diverser Dokumentationen und Pläne bereits im Vorfeld informieren. Anschließend bitten wir sie um ein schriftliches Einverständnis, dass der IEP-Ordner ihr Kind während der Kindergarten- und Schulzeit begleiten darf.

✳ Der Inhalt des IEP-Ordners

Der Ordner beginnt mit einer Präsentation des Kindes, der *Das bin ich*-Seite. Dem folgen allgemeine Informationen:

- ➜ die Personenangaben des Kindes,
- ➜ die oben erwähnte Einwilligung der Eltern,
- ➜ die Zugehörigkeit zu einer Gruppe bzw. Klasse,
- ➜ das Entwicklungsgesprächsverzeichnis und
- ➜ die Resultate der nationalen Prüfungen.

Dazu kommen

- ➜ eine Stufenübersicht,
- ➜ Zielübersichten und
- ➜ eine Themenübersicht.

Wir meinen, dass sich im IEP-Ordner keine Dokumentation befinden sollte, die der Geheimhaltung unterliegt. Seit langer Zeit sind wir in Schweden damit einverstanden, dass die gesamte staatliche und kommunale Tätigkeit eingesehen werden kann. In dieses Öffentlichkeitsprinzip sind auch die kommunalen Schulen mit eingeschlossen. Sie gehören zu einem Amt und damit zu einer Behörde, die offen für eine Einsicht sein muss.

In gewissen Fällen gibt es Gründe, diese Einsichtnahme einzuschränken. Das ist dann der Fall, wenn sie die Integrität des einzelnen Bürgers berührt. Das wird durch das Gesetz der Geheimhaltung reguliert.

Innerhalb des Kindergartens dagegen herrscht eine besondere Schweigepflicht. Hier kann man davon ausgehen, dass alles, was über das Kind geschrieben wird, der Geheimhaltung unterliegt. Ein individueller Entwicklungsplan ist ein öffentliches Dokument, weil er innerhalb einer Behörde erstellt wird. Gewisse Auskünfte können jedoch von dem einen oder anderen als unangenehm empfunden werden. Spezielle Maßnahmenprotokolle müssen daher mit Umsicht behandelt werden. Im IEP-Ordner vermerken wir, dass ein Maßnahmenprogramm aufgestellt wurde, aber das Programm selbst wird nicht im IEP-Ordner aufbewahrt. Der Vermerk im IEP-Ordner wird gemacht, damit die Informationen z.B. bei einem Wechsel des Pädagogen

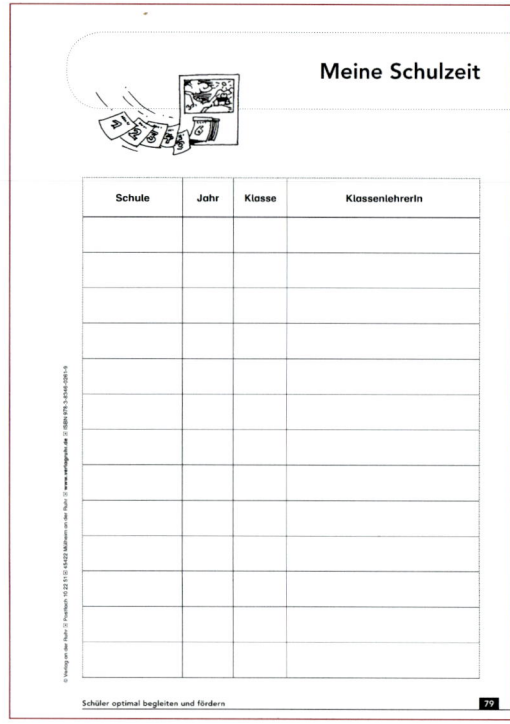

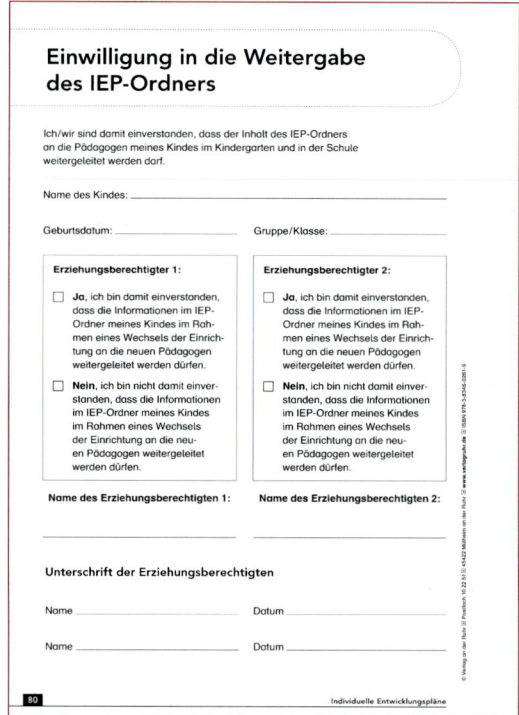

Kopiervorlagen „Meine Schulzeit" (s.S. 79) und „Einwilligung in die Weitergabe des IEP-Ordners" (s.S. 80)

nicht verloren gehen und das Kind weiterhin die notwendige Hilfe und Unterstützung erhält. Die Gruppenzugehörigkeit und das Entwicklungsgesprächsverzeichnis sind Informationen, die wichtig sind, wenn man mit einem Pädagogen sprechen will, der früher mit dem Kind gearbeitet hat, oder nur wissen will, wann und mit wem ein Gespräch stattgefunden hat.

✳ Die Seite „Das bin ich"

Da auf den ersten Seiten des IEP-Ordners viele formale Eintragungen sind, ist es besonders wichtig, dass der IEP-Ordner mit einer persönlichen Seite beginnt: Der Seite *Das bin ich*. Jedes Jahr wird im Kindergarten und in der Schule eine Seite gestaltet, die zeigt, wer die Person ist und auf welchem Entwicklungsstand sie sich befindet. Bei den kleinen Kindern können das ein Foto sein, ein Handabdruck und einige vom Pädagogen oder den Eltern geschriebene Zeilen. Nach einigen Jahren entsteht so auch eine nette Erinnerung.

Die älteren Kinder können zusätzlich zum Foto auch etwas über sich selbst schreiben. Manche schreiben auch Gedanken zu etwas Speziellem oder Aktuellem, z.B. über ein Weltereignis oder eine geplante Themenarbeit. Dabei soll die Seite in jedem Jahr unterschiedlich gestaltet werden; wir wollen keine gleichartige Gestaltung, wo Jahr für Jahr immer wieder über die Anzahl der Geschwister, das Lieblingsessen oder den Namen des Hundes berichtet wird. Diese Seite soll etwas aussagen über den Menschen, der sich hinter dem IEP-Ordner verbirgt. In den ersten Jahren schreiben die Kinder meist noch äußere Faktoren auf, z.B. den Namen des Kaninchens.

Mit den Jahren entwickelt sich diese Seite zu einem Reflektieren über das eigene Lernen, dem Lernstil usw. Wie schon erwähnt, soll der individuelle Entwicklungsplan vor

allem von den Stärken und Interessen des Schülers ausgehen, und an dieser Stelle hat der Schüler eine gute Gelegenheit, diese sichtbar zu machen.

✳ Die Stufenübersichten

Die Stufenübersichten zeigen, auf welcher Stufe sich das Kind in den verschiedenen Fächern befindet. Wenn alle Ziele einer Stufe erreicht sind, wird das Formular vom verantwortlichen Pädagogen unterschrieben und datiert.

Als Ergänzung zur Stufenübersicht gibt es für jede Stufe eine Zielübersicht.

Das eigene Arbeitsbeispiel des Kindes, das die Zielerfüllung bestätigt, ist auch eine Ergänzung. Der IEP-Ordner begleitet das Kind viele Jahre, und der Inhalt muss aus diesem Grund begrenzt werden, damit er übersichtlich bleibt. Aber um die Entwicklung zu verdeutlichen, sollten gewisse Arbeiten (markiert in der Zielübersicht und auf den Stufenformularen) dem Ordner als „Lernbeweis" beigelegt werden.

✳ Die Themenübersicht

Zusätzlich gibt es Formulare für die fächerübergreifenden Arbeiten: die **Themenformulare** (s. S. 92/93). Im Material sind verschiedene Vorschläge, wie ein Themenformular gestaltet sein kann. Das eine Formular enthält nur eine kurze Zusammenfassung über die Themen, mit denen der Schüler gearbeitet hat. Das sichert, dass Schüler nicht bestimmte Themen doppelt bearbeiten, wie es sonst z.B. bei einem Pädagogen- oder Gruppenwechsel leicht passiert.

Das andere Themenformular beschreibt detailliert, mit welchen Zielen bei dem Thema gearbeitet wurde. Es enthält auch eine genauere Wissenstandserfassung, die als Grundlage für das Aufstellen des individuellen Entwicklungsplans verwendet werden kann.

Das bin ich

Datum: _____

Name: _____

Schüler optimal begleiten und fördern   **77**

Kopiervorlage „Meine Kindergartenzeit" (s. S. 77)

Unabhängig davon, wie wir ein Themenformular formulieren, sollten wir versuchen, dabei verschiedene Anforderungen abzudecken. Die Schüler sollten zeigen, dass sie bei dem Thema fächerübergreifende Zusammenhänge hergestellt haben.
Die Ziele, die sie bei diesem Thema verfolgt und erreicht haben, sollten dokumentiert sein. Zudem sollten sie die Arbeit an dem Thema auch reflektieren:
Was ist gut gelungen, was weniger gut?
Was fiel leicht, was war schwer?
Woran sollte noch vertiefend gearbeitet werden?

✳ Anwendung und Aufbewahrung

Die individuellen Entwicklungspläne sind Dokumente, die nach dem schwedischen Recht der Öffentlichkeit zugänglich sind, wenn sie in einer staatlichen Schule geschrieben wurden. Die Privatschulen sind davon ausgenommen.

Die öffentlichen Dokumente können auch Angaben enthalten, die der Geheimhaltung unterliegen, deshalb sollten wir nur das festhalten, was nicht der Geheimhaltung unterliegt. Wie schon erwähnt, unterliegt der Kindergarten einer hohen Stufe der Geheimhaltung, und er muss aus diesem Grund die Dokumentation anders handhaben als die Schule.

Es sollte betont werden, dass innerhalb des Kindergartens und der Schule unterschiedliche Geheimhaltungsbestimmungen gelten und dass der IEP nicht ohne die Einwilligung der Eltern vom Kindergarten mit in die Schule folgen kann. Das gilt auch, wenn ein Kind umzieht.

Wir verwahren die IEP-Ordner nicht in verschlossenen Schränken, aber wir meinen, dass der IEP-Ordner etwas Persönliches ist und dementsprechend aufbewahrt werden sollte. Den IEP-Ordner sieht man nicht täglich ein, sondern er wird zum Eintragen der Ziele, als Vorbereitung auf das Entwicklungsgespräch und als Diskussionsgrundlage für die Pädagogen untereinander herangezogen. So lange die Kinder klein sind, ist das Material für die Erwachsenen. Erst bei den älteren Kindern ist es wichtig, dass sie selbst ihre Formulare und Arbeitsbeispiele einordnen. Sie sollten dann immer dabei sein, wenn in der Übersicht Eintragungen gemacht werden.

Wir möchten betonen, dass das IEP-Material dazu angefertigt worden ist, um die Entwicklung der Kinder und den Auftrag der Schule deutlich zu machen. Dieses soll mit Respekt für das Individuum geschehen und mit dem Kind im Zentrum. Das Kind und die Eltern sollen das IEP-Material als Hilfe und Unterstützung erleben. So wird es auch schnell für sie selbstverständlich, dass der IEP-Ordner das Kind während der Kindergarten- und Schulzeit begleitet. Wenn das Kind den Kindergarten verlässt und zur Schule kommt, wird eine Kopie der Personenformulare und der Stufenübersichten archiviert, falls zu einem späteren Zeitpunkt eine Nachfrage besteht.

✳ Von den Ordnern und Formularen zur täglichen Arbeit

Der IEP-Ordner ist somit eine Dokumentation über die Entwicklung des Kindes. Aus der Dokumentation geht hervor, welche Stufen erreicht wurden. Je älter die Kinder in der Schule werden, desto mehr arbeiten sie bewusst daran mit. Um das Material für die Kinder übersichtlich und handhabbar zu machen, hat jede Stufe ein eigenes Arbeitsformular, ein Stufenformular. Das Stufenformular enthält sämtliche Ziele, die gerade relevant sind, Spalten für die Beurteilungen sowie Hinweise für den IEP-Ordner und das Portfolio. Auf der Rückseite stehen zusätzlich die Kriterien für die Zielerfüllung. Beide, Stufenformulare und Zielübersichten, werden als Grundlage für die tägliche Arbeit verwendet. Auf dem Stufenformular tragen das Kind und wir Pädagogen unsere Beurteilung der Zielerfüllung ein.

Die Ziele auf den Stufenformularen können als Haltestellen auf dem Weg gesehen werden. Wir, die die Entwicklung des Kindes verfolgen, notieren, wenn eine solche Haltestelle erreicht ist. Fließender sind dagegen die Grenzen zwischen den Stufenformularen für den Kindergarten und die Vorschule. Ein Teil der Kinder ist bereits weit in der Entwicklung. Diese Kinder arbeiten bereits mit Stufenformularen mit Beurteilungen, bevor sie sich in der Vorschule oder Schule befinden. Bei diesen Kindern bestimmen wir dann selbst, wann und ob auch eine Beurteilung wünschenswert ist.

Auf den Stufenformularen der Schule sind die beiden ersten leeren Spalten für die Beurteilungen des Schülers und des Pädagogen reserviert, während die dritte Spalte, gekennzeichnet mit IEP/Portfolio, für Hinweise da ist. Durch die Hinweise kann man leicht sehen, welches Ziel mit Arbeitsbeispielen belegt ist und wo diese zu finden sind, entweder im IEP-Ordner oder im Portfolio.

Alle Inhalte des IEP-Ordners sollten datiert werden, und es soll daraus hervorgehen, welche Stufe und welches Ziel mit dem Arbeitsbeispiel verdeutlicht werden. Unabhängig davon, ob man mit dem Portfolio arbeitet oder nicht, hat jedes Kind eine Schublade oder einen Ordner, worin er sein Material sammelt. Wenn im Portfolio eine Zielerfüllung mit einem Arbeitsbeispiel belegt ist, wird das auf dem Stufenformular notiert, gern mit einer Angabe über die Form (z.B. Text, Protokoll, CD-Rom). Das Kind bestimmt, welche Ziele mit Lernbeweisen belegt werden und begründet seine Wahl. Wir haben eine zeitlang überlegt, ob wir auch Ziele vorgeben wollen, die von allen Kindern mit einem Lernbeweis versehen werden. Wir haben uns dafür entschieden und diese direkt in den Stufenformularen gekennzeichnet.

Man kann aber selbst innerhalb der eigenen Organisation festlegen, ob man solche verbindlichen Beispiele haben möchte, und diese auf den Stufenformularen für alle markieren. Es besteht auch die Möglichkeit, das individuell für die einzelnen Schüler festzulegen.

Dies geschieht in Abstimmung mit dem individuellen Entwicklungsplan. So kann man den individuellen Lernprozess durch die bestimmten Arbeitsbeispiele verfolgen. Aus Platzgründen kommen nicht so viele Lernbeweise in den IEP-Ordner, aber dafür kann um so mehr im Portfolio sein.

Die Stufenformulare für den Kindergarten enthalten:

➡ Ziele und Kriterien,

➡ Markierungen, welche Ziele im IEP-Ordner mit einem Beispiel belegt werden sollen,

➔ das Datum der Zielerfüllung,

➔ eine Spalte für die Vermerke darüber, dass ein Ziel im IEP-Ordner oder in einem Portfolio dokumentiert ist,

➔ die Unterschrift des verantwortlichen Pädagogen, wenn das Stufenformular abgeschlossen ist.

Die Stufenformulare für die Vorschule und Schule enthalten:

➔ Ziele und Kriterien,

➔ Markierungen, welche Ziele im IEP-Ordner mit einem Beispiel belegt werden sollen,

➔ die Beurteilung des Schülers,

➔ die Beurteilung des Pädagogen,

➔ die Spalte für die Vermerke, dass ein Ziel im IEP-Ordner und Portfolio dokumentiert wurde,

➔ die Unterschrift des verantwortlichen Pädagogen, wenn das Stufenformular abgeschlossen ist.

✳ Warum beides, IEP und Portfolio?

Um die Ziele, die im Erlass angegeben sind, erreichen zu können, reicht es nicht, sie zu konkretisieren und zu dokumentieren. Man muss als Pädagoge ständig darüber nachdenken, wie man die bestmöglichen Voraussetzungen schafft, damit die Kinder ihre Ziele erreichen können.

Das Vorhandensein eines individuellen Entwicklungsplans als Dokumentationsmaterial garantiert keine bessere Zielerfüllung. Erst in unserer täglichen Arbeit mit den Kindern kann das gelingen. Die Kinder ziehen den größten Nutzen daraus, die Ziele durch die Stufenformulare verstehen zu können. Die Stufenformulare sind dazu da, die Ziele bei

der täglichen Arbeit im Blick zu haben und Lerninhalte darauf abzustimmen. Sie dienen auch als Planungs- und Reflektionsgrundlage. Mit wachsendem Verständnis der Schüler für die Ziele und die Arbeitsweise wächst auch ihre Verantwortung für das eigene Lernen. Aus Platzgründen können nicht so viele Ziele im IEP-Ordner mit Arbeitsbeispielen belegt werden. Da viele Kinder mehr Beispiele zeigen möchten, als im IEP-Ordner Platz finden, arbeiten wir zusätzlich mit der Portfoliomethode.

Als wir mit der Arbeit begannen, gab es viele Diskussionen darüber, wie das Portfolio gestaltet sein soll. Die Meinungen darüber gingen auseinander, meist abhängig von den Bedürfnissen. „Eine Schublade wird gebraucht", sagten die Kindergärtnerinnen. Die Kinder hatten Steine bemalt, und sie wollten keine Fotos von ihnen im Portfolio haben, sondern richtige Steine. „Na ja", sagten einige Lehrer der Zehnjährigen, „wir haben keinen Platz für Schubladen. Wir fänden es gut, wenn sich alles in einem Ordner befindet, aber es sollte Platz für Kassetten und Disketten vorhanden sein, weil wir vieles auf diese Weise dokumentieren." „Ordner klingt gut", sagte der Französischlehrer, „aber wo soll der aufbewahrt werden? Es wäre leichter, wenn wir ein oder mehrere Fächer in einem Fächerportfolio sammeln könnten."

Wir verstanden schnell, dass es nicht wichtig ist, wie das Portfolio aussieht, sondern wie es angewendet wird. Deshalb kann ein Portfolio verschieden aussehen, und es wird so lange in der Form angewendet, wie es seinen Zweck erfüllt. Das bedeutet, dass die Kinder im Laufe der Jahre bei uns auch Portfolios abschließen und neue beginnen. Im IEP-Ordner dagegen sammelt das Kind Beispiele von seiner gesamten Kindergarten- und Schulzeit. Auf diese Weise werden die Ziele auf den Stufen- und Themenformularen, der individuelle Entwicklungsplan und das Portfolio miteinander verbunden. Mit dem IEP-Ordner entsteht so ein Ordner, der die gesamte Lernentwicklung des Kindes dokumentiert und sich wie ein roter Faden durch die Kindergarten- bzw. Schulzeit des Kindes zieht.

So arbeiten wir

Bei der gemeinsamen Entwicklungsarbeit stellt man schnell fest, dass dies eine fortlaufende Arbeit ist, die nie endet. Die Fragen lösen einander ab, und es gibt immer etwas Neues, über das man nachdenken kann. Trotzdem kamen wir an einen Punkt, an dem wir beschließen mussten, nun mit der Arbeit mit unserem IEP-Material zu beginnen, obwohl wir noch nicht auf jede Frage eine Antwort gefunden hatten. Wir waren uns zwar ziemlich sicher, dass bald eine staatliche Anweisung herauskommen würde, die wir nicht vollständig voraussehen konnten, und wir dadurch vielleicht davon abweichen würden, aber wir wollten nicht weiter warten.

Immer alles richtig machen zu wollen, birgt das Risiko in sich, dass man nichts Neues wagt und nur auf die Anweisungen der Ministerien wartet. Wir hatten keine Sicherheitsausrüstung. Für uns alle war die Arbeit mit dem IEP Neuland, und wir waren auch nicht überzeugt, dass alles funktionieren würde. Wir hatten Bedenken, ob wir bei der Wahl der Ziele die richtigen Schwerpunkte gesetzt hatten. Doch wie gesagt, der Tag, an dem man sich zur Ruhe setzen kann, weil alles fertig ist und nichts verbessert werden kann, kommt nicht.

Als wir das Gefühl hatten, dass nun trotzdem alle ausreichend vorbereitet waren und wir genug Material gesammelt und erstellt hatten, um mit dem Projekt beginnen zu können, fiel unser Startschuss.
Im Nachhinein stellten wir fest, dass wir viele Probleme erwartet hatten, die keine waren. Anderes dagegen, was wir nicht reflektiert hatten, stellte sich dagegen plötzlich als Problem heraus. Wir haben das Material ein Schuljahr lang ausprobiert, und auch die Kindergärten und Schulen in Bårslöv und Påarp machten mit. Während der Zeit sammelten wir praktische Erfahrungen mit der Handhabung. Das führte zu vielen Veränderungen, und wir mussten auch das Material permanent weiterentwickeln.

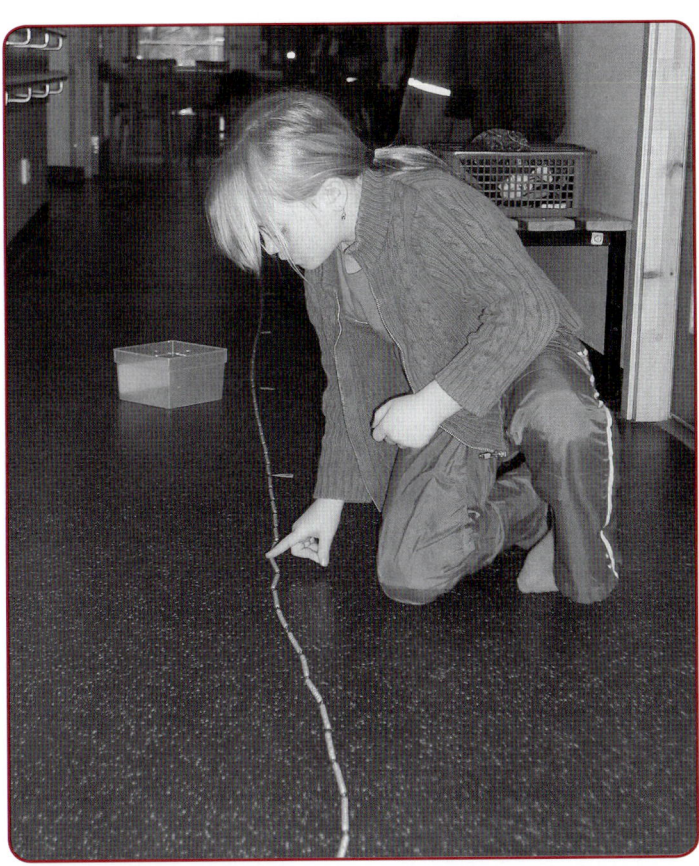

Lernen – auch mal mit ungewöhnlichen Methoden

Auch wenn alle im Kindergarten und in der Schule hinter dem Konzept stehen, müssen wir uns darüber bewusst sein, dass die Voraussetzungen unterschiedlich und wir Pädagogen verschieden sind. Ein Teil der Kollegen will sofort loslegen und startet direkt. Andere dagegen fühlen sich unsicher, sie benötigen erst eine gewisse Zeit, bei den anderen zu beobachten, wie sie mit den Kindern arbeiten können. Das muss akzeptiert werden und setzt eine große Toleranz der Kollegen voraus. Auch wenn wir einen gemeinsamen Beschluss gefasst haben, wie etwas gemacht werden soll, können wir nicht mit einem hundertprozentig positiven Ergebnis rechnen.

Es ist daher sinnvoll, Teilziele bei der Einführung eines Systems dieser Art zu setzen. Unsere Teilziele waren z.B., dass an festgelegten Tagen alle Kinder ihre Stufenformulare erhalten sollten, alle Pädagogen die Eltern bei den Entwicklungsgesprächen informiert haben sollten und alle die IEP-Ordner fertig gestellt haben sollten.

Man kann das Ganze mit einem Marathonlauf vergleichen. Einige kommen schnell in Fahrt, während es andere langsamer angehen. Alle laufen auf einem abgesteckten Weg mit dem gleichen Ziel. Die Stile sind unterschiedlich und geben Raum für beide, den klassischen und den mehr freien Stil. Die Anforderung ist jedoch, dass alle das Ziel erreichen, wenn eine bestimmte Zeit vergangen ist. Auf dem Weg wird Aufmunterung benötigt und das Auftanken von neuer Energie, gleichwohl für die Zugpferde und die, die hinterher kommen.

✳ Im Kindergarten

Die Pädagogen des Kindergartens nutzen, wie bereits gesagt, die Stufenformulare als Dokumentations- und Planungsmaterial. Während der Kindergartenzeit ist der IEP-Ordner ein Material für die Erwachsenen, da die Kinder noch zu klein sind, den Inhalt zu verstehen.
Die Kinder dürfen so bald wie möglich stattdessen von Beginn an bei der Gestaltung des Portfolios dabei sein.

Genauso, wie wir die Gemeinsamkeiten zwischen dem Kindergarten und der Schule betonen, wollen wir auch die Unterschiede beibehalten. Ein solcher Unterschied ist die Beurteilung. Die Kindergärten beurteilen vor allem bei den Beobachtungen und dokumentieren nicht den Weg zur Zielerfüllung. Das muss den Eltern deutlich gemacht werden. Es ist wichtig, dass wir den Eltern, wenn wir ihnen unsere Arbeit vorstellen, erklären, wie die verschiedenen Teile eine Einheit bilden und so ein roter Faden vom Beginn des Kindergartens bis zum Ende der Schule entsteht. Nur wenn wir bereits im Kindergarten gemeinsam mit den Eltern die Entwicklung des Kindes fördern und dokumentieren, wird unsere Arbeit erfolgreich gelingen.

✳ In der Vorschule

Die Vorschule ist das Verbindungsglied zwischen dem Kindergarten und der Schule. Die Pädagogen wollen gern die Methoden des Kindergartens beibehalten, vor allem das Spiel als wichtigste Lernmethode. Es passiert leicht, dass die Vorschule von der Schulwelt „geschluckt" wird. Obwohl man dieselben Ziele verfolgt, können häufig die Methoden und Beweise für die Zielerfüllung im Kindergarten und in der Vorschule unterschiedlich aussehen.

Die Vorschule nutzt wie der Kindergarten den IEP-Ordner gemeinsam mit den Eltern für die Planung und die Dokumentation. Man entwickelt auch die Portfolioarbeit. In der Vorschule wählen die Kinder mit aus, was im Portfolio sein soll, und es wird gemeinsam viel darüber gesprochen, warum man die jeweilige Wahl getroffen hat. Wir versuchen, mit Hilfe des Portfolios den Kindern verständlich zu machen, dass man seine Fähigkeiten und Fertigkeiten verbessert, wenn man eine längere Zeit an etwas arbeitet. Auf diese Weise können die Kinder verstehen, dass man selbst sein Ergebnis beeinflussen kann und dass es sich lohnt, zu üben, wenn man besser werden will.

✳ Die ersten Schuljahre

Die beiden ersten Schuljahre können als Einschulungsphase gesehen werden. In dieser Zeit erfahren die Kinder, wohin die Arbeit in der Schule führen soll. Die Schüler können meist noch nicht lesen, wenn sie beginnen, mit dem IEP-Material zu arbeiten, deshalb müssen die Stufenformulare mit konkreten Beispielen erklärt werden. Man kann auch noch nicht davon ausgehen, dass die Kinder selbstständig an der Erreichung ihrer Ziele arbeiten können.
Die Stufenformulare werden in den ersten beiden Schuljahren noch nicht so viel bei der täglichen Arbeit verwendet. Aber die

Ziele sind deutlich sichtbar in einem recht großen Format im Klassenraum aufgehängt. Die einzelnen Fächer haben eine bestimmte Farbe zur leichten Unterscheidung.

Die Auswahl der Ziele, die im Klassenzimmer aufgehängt werden, ist abhängig von den aktuellen Stufenformularen. Wir verweisen oft auf die sichtbaren Ziele. Manchmal holen wir sie zur Betrachtung herunter und erklären, dass das, womit ein Schüler gerade arbeitet, genau das ist, was im Ziel beschrieben wird.

Außerdem nutzen wir sie zur Auswertung des Tages: „Hier steht, dass ihr alle Buchstaben können sollt, hast du das heute geübt?" In der gleichen Weise werden die sozialen Ziele verfolgt: „Hier steht, dass wir sorgfältig mit unseren Sachen umgehen wollen. Ist dir das heute gelungen?" Besonders die Ziele für die soziale Entwicklung müssen ständig wiederholt und so konkret wie möglich formuliert werden.

Eines unserer Teilziele bei der Arbeit mit den Stufenformularen ist, dass alle Schüler bei mindestens einem Ziel die Verantwortung für ihren eigenen Arbeitsprozess übernehmen sollen. Das setzt voraus, dass die Schüler den Inhalt des Zieles verstanden haben. Zudem müssen sie wissen, auf welche Weise geübt werden kann, um ein Ziel zu erreichen. Im Anschluss müssen sie belegen können, dass das Ziel erreicht ist – schließlich sollen sie in den Gesprächen den Eltern ihr Ergebnis präsentieren können.

Wie schon gesagt sollen sich die Schüler zuerst selbst einschätzen, bevor wir sie bewerten. In kleinen Schritten kann der Schüler zunächst damit beginnen, seine Zielerfüllung gemeinsam mit dem Pädagogen zu beurteilen. Auch hier ist es von Vorteil, auf eine konkrete Arbeit hinweisen zu können, die die Zielerfüllung belegt.

Gemeinsame Einführung eines neuen Formulars

✳ Wenn man einen Teil des Weges gegangen ist

Die Pädagogen, die mit den Schülern der dritten, vierten und fünften Klasse arbeiten, konzentrieren sich auf Selbsteinschätzung und -verantwortung der Schüler. Die Schüler sollen die Verbindungen zwischen den Zielen und den Arbeitsmaterialien erkennen. Indem man über die Zielerfüllung und die Kriterien spricht, lernen die Schüler, selbst darüber zu reflektieren, was sie bereits können und woran sie noch arbeiten müssen. Manchmal holen auch alle Schüler die Stufenformulare hervor und sehen sich gemeinsam an, was sie erreicht haben und was noch gemacht werden muss.
Damit wollen wir erreichen, dass jeder Schüler die Verantwortung für sein eigenes Lernen übernimmt und dieses auch in seinem Tages- oder Wochenplan bedenkt. Natürlich haben nicht alle Kinder in diesem Alter diese Fähigkeit erlangt. Schülern, die dazu noch nicht bereit oder reif genug sind, sollten wir daher diese Verantwortung auch noch nicht übertragen.

Wir arbeiten daran, Arbeitsmaterial zu erarbeiten und zu sammeln, das mit verschiedenen Zielen gekoppelt und ständig für die Schüler zugänglich ist. Dabei achten wir darauf, dass das Arbeitsmaterial verschiedenen Lernstilen angepasst ist, sodass die Schüler so arbeiten können, wie es ihnen am meisten entgegen kommt.

Manchmal muss eine Zielerfüllung genauer belegt werden, z.B. mit einem Test. Da die Schüler mit verschiedenen Zielen arbeiten und selten mit dem gleichen Ziel, schreibt der Schüler den Test dann, wenn er denkt, dass er das Ziel erreicht hat. Es ist wichtig, dass die Schüler wissen, was verlangt wird und auch, wie sie es belegen können.

Das Portfolio wird aktiver verwendet. Viele wollen ein Arbeitsportfolio für die laufenden Arbeiten haben und ein Präsentationsportfolio für ihre Ergebnisse.

In diesem Alter geschieht es leicht, dass sich die Kinder miteinander vergleichen. Das ist wahrscheinlich unvermeidlich. Ein Elterteil drückte es so aus: „Die Kinder haben sich immer verglichen und werden das auch in der Zukunft tun, aber nun erhalten alle etwas, woran sie individuell arbeiten können, und lernen, stolz darauf zu sein, was sie selbst können." Wir tragen die Verantwortung dafür, dass die Schüler lernen, sich nur mit sich selbst und in Bezug auf die Ziele zu vergleichen, statt mit anderen Kindern.

✳ Die zweite Hälfte der Schulzeit

Wenn die Schüler verstanden haben, wie das ganze IEP- Material aufgebaut ist, und sich vor allem darüber bewusst sind, welche Verantwortung sie für die Zielerfüllung tragen, können sie selbst detaillierter planen, woran sie arbeiten müssen und wie viel Zeit sie dafür benötigen. Planungsbücher sind wichtig, nicht nur für die Planung, sondern auch für die Auswertung und Reflexion sowie für den Informationsaustausch mit den Eltern. Wenn die Schüler älter sind, können sie auch im größeren Rahmen planen und nicht nur die eigene Planung sehen. Sie können z.B. bei der Planung von einem gemeinsamen Thema für die ganze Klasse mit dabei sein. Da ist es angebracht, die Ziele so zu konkretisieren, dass die Schüler sehen, wie gerade diese Ziele im Thema integriert sind und welche Kriterien erfüllt werden müssen.

Der IEP hat zwar eine größere Fokussierung auf das Individuum, aber die Fähigkeit, im Team arbeiten zu können, ist wichtig. Deshalb soll die Arbeit und Entwicklung der Gruppe auch geschätzt werden. Zusätzlich zum Arbeitmaterial für das individuelle Training sollten daher auch gemeinsame Phasen stattfinden. Gemeinsam kann man z.B. festlegen, dass die Präsentation mündlich erfolgen soll, weil in der Zielstellung gefordert wird, auf verschiedene Weise das mündliche Vortragen zu üben.

Die Stufen für die soziale Entwicklung werden auch für die gemeinsame Arbeit genutzt. Die Gruppe kann zum Beispiel ganz gezielt Übungen machen, die im Zusammenhang mit den Zielen stehen.

✳ Die letzten Schuljahre

Je älter die Schüler werden, desto mehr kann man ihnen den Unterschied zwischen Quantität und Qualität bewusst machen. Die Stufenformulare enthalten beides, eine quantitative und eine qualitative Steigerung, aber sie enthalten keine Gradeinteilung des Begriffes *kann*.

Man muss daher mit den Schülern darüber sprechen, damit sie nicht glauben, dass sie auch automatisch eine gute Zensur erhalten, wenn sie alle Ziele eines Stufenformulars erreicht haben. Dies ist spätestens ab der achten Klasse wichtig, ab der die Kinder in Schweden Zensuren bekommen. Nur wer weiß, wie man seine Leistung verbessern kann und welche Kriterien Voraussetzung für welche Noten sind, kann auch aktiv daran arbeiten.

Wir haben festgestellt, dass das Bewusstsein der Schüler für ihre Arbeit und ihre Bereitschaft, Verantwortung zu übernehmen, durch die Anwendung des IEP-Materials zugenommen hat. Ein weiteres Resultat ist, dass die Schüler höhere Ansprüche an den Inhalt des Unterrichts stellen.

Wir haben einen Teil der Schüler, die nun im fünften Schuljahr sind, gefragt, was sie mit ihrem IEP-Ordner machen werden, wenn sie nach der neunten Klasse zum Gymnasium wechseln. Für sie war es selbstverständlich, dass sie ihren neuen Lehrern den IEP-Ordner präsentieren, um zu zeigen, was sie können und woran sie weiter arbeiten müssen. Einige sagten: „Es macht nichts, wenn wir da auf einem niedrigerem Niveau anfangen, das kann man ja als Wiederholung ansehen, aber es wäre nicht so gut, wenn man mit etwas zu Schwerem beginnen müsste."

Wir Pädagogen in der Schule tragen eine große Verantwortung für die Entwicklung der Kinder. Damit ist nicht nur die Lernentwicklung in den Fächern gemeint. Lassen Sie die Schüler spüren, dass Sie sie ernst nehmen, sie respektieren und dass Sie mit ihnen zusammen arbeiten, um die Ziele zu erreichen.

✳ Die besondere Aufgabe des Sonderpädagogen

Kinder mit verschiedenen Behinderungen oder Lernschwierigkeiten haben es in unserem Schulsystem schwerer, als andere. In den Erlassen steht, dass alle Kinder die Ziele erreichen sollen, aber die Wirklichkeit ist leider so, dass trotz großem Einsatz und Fleiß nicht alle Kinder die Ziele erreichen. Wir müssen besonders diese Kinder davor schützen, dass sie durch die Anforderungen im Kindergarten und der Schule Selbstzweifel und Versagensängste entwickeln.

Auch diese Kinder können die Stufenformulare verwenden, aber es gibt einige wenige, meist diejenigen mit schwereren Behinderungen, denen die Stufenformulare keine Hilfe sind. Da sollten sie natürlich nicht zur Anwendung kommen. Dennoch muss deutlich werden, dass auch diese Kinder mit den Zielen gearbeitet haben, auch wenn sie nicht erfüllt wurden. Eine Möglichkeit ist, dass bei diesen Kindern in den Zielübersichten notiert wird, woran gearbeitet wurde. Wir haben daher die Stufenübersichten in zwei Versionen angefertigt. Auf der einen wird die Stufe erst markiert, wenn sie vollständig erledigt ist, während auf der zweiten Version eine Aufteilung in die verschiedenen Teilbereiche möglich ist.

Kinder mit leichten (Lern-)Behinderungen, die besondere Hilfe brauchen, schaffen es oft nicht, in dem Tempo der anderen zu arbeiten. Sie erreichen die Ziele, aber bedeutend später als die Mitschüler im selben Alter. Wenn die Stufenformulare für diese Schüler eingeführt werden sollen, gibt der Sonderpädagoge ihnen ein Stufenformular, das sie bereits fast vollständig beherrschen. So wird ihr Vertrauen in ihr eigenes Können gestärkt, und zum anderen ist nicht so ein enormer Einsatz nötig, bis das Stufenformular ganz ausgefüllt ist.

Ein ganzes Stufenformular zu schaffen, scheint vielen lernschwachen Kindern ein unerreichbares Ziel. Diese Kinder haben es auch schwerer, ihr eigenes Wissen und Können zu beurteilen. Deshalb sollten die Stufenformulare bei diesen Kindern nur in dem Ausmaß verwendet werden, wie es sinnvoll ist. Dabei sollten ihnen die Ziele mit so konkreten Beispielen wie möglich verdeutlicht werden.

Da diese Schüler mehr Zeit als die anderen benötigen, haben sie oft nicht das gleiche Stufenformular wie die anderen in der Gruppe. Die Sonderpädagogen mussten schon immer besonders das Selbstbild und das Selbstvertrauen der Schüler fördern. Das IEP-Material hilft ihnen, den Kindern zu verdeutlichen, dass es nicht wichtig ist, womit die anderen Schüler arbeiten, und dass nur der eigene Wille und die eigene Einsatzbereitschaft zählen.

❊ Fangen Sie einfach an

Wenn Ihr Kindergarten oder Ihre Schule beschlossen hat, mit dem IEP- Material zu arbeiten, können einige konkrete Ratschläge von Nutzen sein. Oft denkt man nicht daran, dass eine Menge von praktischen Fragen gelöst werden müssen, bevor man mit den Kindern zu arbeiten beginnt.

Seien Sie sich im Klaren darüber, dass der Beginn sehr anstrengend sein wird. Das Auftreten von Missverständnissen und das Gefühl, noch weniger Zeit als vorher zu haben, sind normal. Das gehört dazu, wenn man etwas verändern oder verbessern will. Seien Sie sicher: Recht bald verinnerlicht man die Struktur und erkennt die Vorteile. Abhängig davon, an welchem Punkt Sie sich in Ihrer pädagogischen Diskussion befinden und wie Ihre praktischen Voraussetzungen aussehen, wird es unterschiedlich lang dauern, und unterschiedliche Probleme werden auftauchen. Sie befinden sich zu Beginn im Spannungsfeld zwischen Theorie und Praxis. Sie diskutieren zunächst in einem theoretischen Rahmen, zum Beispiel mit Literatur wie dieser. Danach werden die entstandenen Ideen konkret bei der Arbeit ausprobiert, und anschließend wird evaluiert und wieder diskutiert.

Denken Sie daran, dass alle Beteiligten informiert werden müssen. Erklären Sie den Kindern das Modell, und informieren Sie die Eltern darüber. Wir haben die Eltern schriftlich und mündlich informiert, durch mehrere Informationsblätter, bei Elternabenden und bei den Entwicklungsgesprächen.

Einige unserer Schüler der fünften Klasse haben Tipps für andere Schüler zusammengestellt, die mit diesem Modell arbeiten möchten:

➡ Am Anfang ist es ein bisschen schwierig, aber man begreift ziemlich schnell, wie es geht.

➡ Tue nie so, als könnest du etwas, wenn du eigentlich unsicher bist. Du betrügst nur dich selbst.

➡ Vergleich dich nur mit dir selbst. Es hat keinen Sinn, mit anderen zu wetteifern.

➡ Wenn du dich in Bezug auf die soziale Entwicklung bei etwas verbessern willst, kontrolliere dein Verhalten oft.

➡ Sag deinem Lehrer, wenn du besondere Aufgaben brauchst, um für ein Ziel zu üben.

➜ Wähle für deinen Ordner nicht ein x-beliebiges Arbeitsbeispiel aus, denn du sollst mit dem Gewählten sehr zufrieden sein.

➜ Wenn du den Lehrer wechselst, nimm deinen IEP-Ordner mit und zeige, was du kannst und woran du noch arbeiten musst.

✳ Praktische Tipps

Die Ordner der Pädagogen und die IEP-Ordner der Kinder

Wie beide Ordner angelegt werden, wird im Abschnitt „Die Handhabung aller Formulare" (s.S. 65–72) beschrieben. Der IEP-Ordner kann eine Möglichkeit der Profilbildung für den Kindergarten und die Schule sein, die allen Spaß macht.

Ordner in der Farbe des Kindergartens oder der Schule auszuwählen oder mit einem Logo zu versehen, trägt zum „Wir-Gefühl" bei. Viele Kinder mögen es, wenn ihre Fotos auf dem Rücken des Ordners zu sehen sind. Es sieht ansprechend aus und man kann sie bei der Vielzahl der Ordner schnell unterscheiden.

Fangen Sie mit dem richtigen Stufenformular an

Bestimmen Sie zuerst, mit welchem Stufenformular jedes Kind in Motorik, Schwedisch, Mathematik und Englisch beginnen soll und kopieren Sie diese Formulare für jeden Einzelnen. Die jüngsten Kinder, die zum Kindergarten kommen, fangen natürlich mit dem ersten Formular in Motorik, Schwedisch und Mathematik an. Für alle, die erst später den Kindergarten besuchen oder aus einer anderen Institution wechseln, muss herausgefunden werden, wo sie sich in der Entwicklung befinden. Sehen Sie sich die Formulare an, und vergleichen Sie sie mit dem Können und Wissen des Kindes. Wenn Sie zu dem Formular kommen, wo das Kind noch nicht alle Ziele erreicht hat, haben Sie den Punkt gefunden. Unsere Erfahrung hat gezeigt, dass es besser ist, mit einer etwas niedrigeren Stufe anzufangen und dann bald zum nächsten Formular überzugehen.

Fangen Sie in jedem Fach mit einem Formular an. Bald zeigt sich, dass die Kinder mit Zielen von mehreren Stufenformularen arbeiten. Es ist aber nicht angebracht, dass die Kinder allzu viele Stufenformulare auf einmal in einem Fach bearbeiten.

Die Menschen sind verschieden, da ist es ganz natürlich, dass sie sich auf mehr als nur einer Stufe befinden können. Was wir jedoch vermeiden wollen ist, dass jemand es zur Gewohnheit macht, nur einen kleinen Teil von jedem Formular zu erledigen. Die Stufen bauen aufeinander auf, und deshalb sollte angestrebt werden, dass so viel wie möglich von einer Stufe erfüllt wird, bevor man weitergeht. Zwei Stufenformulare auf einmal zu bearbeiten ist ziemlich normal, aber es gibt auch manche, die drei haben.

Für die Einführung brauchen Sie einige Zeit. Auch wenn Kriterien vorhanden sind, die die Ziele verdeutlichen, muss man den Kindern den Inhalt und die Beurteilungsgrundlagen erklären.

✳ Einführung des IEPs

Nun beginnt der Prozess, den IEP und das übrige IEP-Material in die tägliche Arbeit zu integrieren. Für einen großen Teil des Kindergartens ist das Material nur für die Pädagogen gedacht, aber je älter die Kinder sind, desto mehr werden sie mit einbezogen.

Es sind vor allem die Stufenformulare, mit denen die Schüler täglich in Kontakt kommen, und wir empfehlen deshalb, mit diesen zu beginnen. Die Eltern sollten über das Modell informiert worden sein, bevor die Kinder danach arbeiten.

Vorbereitung auf das ...

✳ Soziale Entwicklung

Da die Stufen für die soziale Entwicklung altersgebunden sind, können sie für die ganze Gruppe gleichzeitig eingeführt und vorgestellt werden. Sprechen Sie viel über den Inhalt der Stufenformulare und darüber, was die Ziele für Kriterien beinhalten. Verwenden Sie die Stufenformulare als Grundlage für ethische Diskussionen, und zeigen Sie die Verbindung zu den Regeln der Schule auf.

Wie die Stufenformulare ausgefüllt werden, kann variieren. Einige wollen es vielleicht im Zusammenhang mit dem Entwicklungsgespräch machen, während andere es vorziehen, es bei der Arbeit mit der Klasse einzubeziehen. Achten Sie aber darauf, dass das Ausfüllen der Formulare nicht der Hauptbestandteil des Entwicklungsgesprächs wird. Überlegen Sie, was Sie schon vor dem Entwicklungsgespräch machen können und worüber beim Gespräch gesprochen werden soll.

Denken Sie daran, dass Sie das richtige Arbeitstempo erst finden müssen, aber setzen Sie sich gemeinsam realistische Teilziele. Bestimmen Sie einen Zeitpunkt, wann die jeweiligen Ziele von sämtlichen Teilnehmern erreicht sein sollen. Sprechen Sie über jedes Ziel miteinander, in der Klasse, im Arbeitsteam, im Kollegium, sodass sich alle klar darüber sind, wie vorgegangen werden soll. Auch eventuelle Missverständnisse können auf diese Weise direkt geklärt werden. Es ist auch sinnvoll, Erfahrungen auszutauschen, um Tipps und Hilfe zu bekommen und um aufgemuntert zu werden.

Es kann von Vorteil sein, erst beim ersten Entwicklungsgespräch etwas in den IEP-Ordner zu schreiben. Die Eltern haben dadurch die Möglichkeit, Fragen zu stellen und Gesichtspunkte zu äußern. Zudem sind sie auf diese Weise von Anfang an in den Prozess involviert. Bei diesem Entwicklungsgespräch wird auch um die schriftliche Einwilligung gebeten, dass der IEP-Ordner beim Institutionswechsel weitergereicht werden darf. Falls die Eltern nicht einwilligen, belässt man es dabei und erklärt, dass sie ihre Meinung zu einem späteren Zeitpunkt ändern können. Es gibt außerdem die Möglichkeit, die Einwilligung zeitlich zu begrenzen.

Es kommt gut an, wenn die Seite „Das bin ich" zum Entwicklungsgespräch bereits fertig ist und sie die erste Seite im IEP-Ordner wird.

Auf diese Weise bekommen die Eltern bereits einen ersten Eindruck davon, wie das IEP-Material einmal aussehen wird und wie wir damit arbeiten.

✳ Weiterführende Qualitätsarbeit mit dem IEP

Wenn es an der Zeit ist, die ersten Erfahrungsberichte auszutauschen und über weitere Schritte zu diskutieren, empfehlen

wir Ihnen, dieses Handbuch wieder vorzu-
holen, die verschiedenen Kapitel noch einmal
zu lesen und über deren Inhalt zu diskutieren. So sehen Sie, was Sie über die verschiedenen Punkte denken.

Die anfänglichen Diskussionen sind wichtig,
und noch wichtiger ist deren Weiterführung.
Diskussionen dieser Art sind nie zu Ende, weil
wir ständig neue Erfahrungen machen und
neue Blickwinkel entdecken, über die wir
sprechen können. Über die folgenden Punkte
sollte man sich im Klaren sein:

Die Erlasse

➡ Wie ist unser Auftrag in den Erlassen
formuliert, und was bedeuten die
Rahmenplantexte für Sie?

➡ Wie erkennt man den „roten Faden"
zwischen den verschiedenen Organisati-
onen Kindergarten, Vorschule und Schule?

➡ Welche informellen und formellen
Formen der Einflussnahme haben Sie?

➡ Haben Sie deutliche Ziele für die Arbeit?
Sind die Ziele allen bekannt, die damit
in Kontakt kommen?

Der Wertegrund

➡ Welche gemeinsamen Grundsätze
haben Sie?

➡ Was können die Kinder und ihre Eltern
von Ihnen erwarten, und was erwarten
Sie von ihnen?

➡ Auf welche Weise kann man den Wertegrund wahrnehmen, wenn man Ihre
Einrichtung besucht?

Die Qualitätsarbeit

➡ Wie erfahren Sie, welche Erwartungen
Kinder und Eltern an Sie haben und
wie zufrieden diejenigen sind?

➡ Wie sieht die Erfüllung Ihrer Ziele aus,
und woran erkennen Sie das?

➡ Arbeiten Sie ständig an Verbesserungen?
Wie? Die Teile zu einem Ganzen zusam-
menzusetzen, um den Zusammenhang zu
verstehen, hat uns geholfen, uns in unserer manchmal chaotischen Anfangsar-

beit zu orientieren. Für die Arbeit mit
dem IEP haben wir ein Modell mit Zielen,
Kriterien, Methoden und Belegen entwickelt, die uns als Struktur dienen und
die die IEP-Diskussion mit allen anderen
Diskussionen verbinden, die bei uns
geführt werden.

■ ■ Ziele ■ ■ ■ ■ ■ ■ ■ ■ ■ ■ ■ ■

Die Ziele auf den Stufenformularen sind
dem Rahmen- und Kursplan entnom-
men. Die Erlasse enthalten sehr viele
Ziele, und nicht alle sind auf den Stufenformularen vorhanden. Wir haben die
ausgewählt, die wir als wesentlich ansehen. Die Ziele sind nicht verhandelbar,
das heißt, wir ändern sie nicht von Tag zu
Tag. Dagegen können Kinder, die besondere Hilfe und Unterstützung benötigen,
einen individuellen Zielplan erhalten.

Zu reflektieren wäre:
Wie merkt man, dass Sie zielgesteuert
arbeiten? Wie halten Sie die Diskussionen
über die Erlasse am Leben, und wie
vertiefen Sie diese?

... erste Entwicklungsgespräch

■ ■ Kriterien ■ ■ ■ ■ ■ ■ ■ ■ ■ ■ ■ ■

Damit die Ziele auf den Stufenformularen leichter und deutlicher zu verstehen sind, wurden sie durch Kriterien beschrieben. Diese enthalten Beispiele, was für die Zielerfüllung verlangt wird. Natürlich können die Beispiele mit Entsprechendem im gleichen Schwierigkeitsgrad ausgetauscht werden. Wenn man jedoch andere Beispiele verwendet, muss man darauf achten, dass der Schwierigkeitsgrad nicht verändert wird. Das ist wichtig, weil das IEP-Material das Kind begleitet und von verschiedenen Pädagogen gehandhabt wird.

Zu reflektieren wäre:
Auf welche Art und Weise konkretisieren Sie die Ziele, sodass sie von den Kindern verschiedenen Alters und deren Eltern verstanden werden können?

■ ■ Methoden ■ ■ ■ ■ ■ ■ ■ ■ ■ ■

Wenn die Ziele und Kriterien fertig geschrieben sind, kommt das, was uns am meisten Spaß gemacht hat: Darüber nachzudenken, welche Methoden wir haben, um die Voraussetzung für die Zielerfüllung jedes Kindes zu schaffen. Hier ist Raum für Diskussionen über die Lernstile, verschiedene pädagogische Richtungen, das Material, die Lernstruktur, ja, über alles, was aktuell ist. Es reicht nicht aus, auf eine Weise zu arbeiten, sondern wir müssen laufend darüber nachdenken, wie wir für das Lernen so gute Voraussetzungen wie möglich schaffen können.

Zu reflektieren wäre:
Wie kommen Sie zu neuen Kenntnissen über das Lernen? Auf welche Weise werden Sie dazu angeregt, Methoden für das Lernen zu entwickeln?

■ ■ Beweise ■ ■ ■ ■ ■ ■ ■ ■ ■ ■ ■ ■

Wie belegen wir das Wort „kann"? Die Kriterien helfen uns, zu erklären, was gemeint ist, aber wie soll die Zielerfüllung bewiesen werden? Der Kindergarten arbeitet meist mit Beobachtungen, und es ist wichtig, dass diese strukturiert sind. Die Schule soll sich davon befreien, dass alle Beweise schriftliche Tests, Prüfungen, Arbeiten sind – es gibt auch viele andere Möglichkeiten. Müssen alle Ziele von allen auf dieselbe Weise bewiesen werden? Nein, meinen wir. Wir geben die Frage auch an die Schüler weiter: „Wie kannst du zeigen, dass du das Ziel erreicht hast?" Wir müssen außerdem unsere Grundlagen für die Beurteilungen entwickeln und sicherstellen, dass es wirklich die Erfüllung der Ziele ist, die wir beurteilen, und nicht das Engagement oder die Entwicklung.

Zu reflektieren wäre:
Wie beweisen wir die Zielerfüllung? Auf welche Weise wird Rücksicht auf die verschiedenen Voraussetzungen und Fertigkeiten der Schüler genommen, wenn die Zielerfüllung bewiesen werden soll? Wie können wir objektive Beurteilungskriterien schaffen?

Die Anlage und die Organisation der Ordner

Bevor man mit der Arbeit mit den Kindern beginnt, müssen zusätzlich zu den zahlreichen Diskussionen über beispielsweise den Wertegrund und die Verhaltensweise eine Menge von praktischen Fragen gelöst werden. Planen Sie Zeit dafür ein. Es geschieht leicht, dass im „Eifer des Gefechts" all die kleinen praktischen Details übersehen werden und die Erwartungen enttäuscht werden. Für alle Beteiligten ist es wichtig, dass auf einem stabilen Grund aufgebaut wird. Bevor mit der praktischen Arbeit begonnen wird, sollten alle Ordner und Papiere vorbereitet sein. Wir haben festgestellt, dass es besser ist, den Start etwas hinauszuschieben, als unfertig zu beginnen und so manches gleich in Verzug geraten zu lassen.

Anfänglich kann der Eindruck entstehen, dass unheimlich viele Formulare zu bewältigen sind und dass es schwer ist, zu wissen, welches Formular in welchen Ordner gehört. Legen Sie erst den einen Ordner und dann den andren Ordner an. Auf diese Weise erkennen Sie bald die Struktur, und Sie finden sich mit Leichtigkeit zurecht. Denken Sie daran, dass es zwei Arten von Ordnern (oder ein anderes Verwahrungsmodell) sein sollten, ein Pädagogenordner, in dem das gesamte Material eingeordnet ist, und ein IEP-Ordner für die Kinder, der nur Teile des Pädagogenhefters enthält.

❋ Der Pädagogenordner

Mit dem Pädagogenordner ist das Material im Praxisteil gemeint. Kopieren Sie das Material, und heften Sie es im Pädagogenordner ab. Alle Pädagogenordner sollten möglichst gleich aus-

sehen und denselben Inhalt haben, unabhängig davon, ob er im Kindergarten oder in der Schule Anwendung findet. Die Stärke des Materials liegt unter anderem in der Geschlossenheit und dem sich daraus ergebenden roten Faden. Da ist es wichtig, dass alle diese Geschlossenheit wahrnehmen können und so ausgehend vom gleichen Material miteinander kommunizieren können. Der Pädagogenordner ist der eigentliche Schlüssel, in dem das vollständige Material gesammelt ist. In ihm kann man nachlesen, wie ein Formular angewendet werden soll, man findet dort sämtliche Stufenformulare und Kriterien sowie alle Unterlagen für die IEP-Ordner der Kinder.

Am leichtesten ist es, wenn man den Praxisteil so kopiert, wie er ist, in so vielen Exemplaren, wie Sie benötigen. Man kann aber auch die Seiten ausgehend vom Inhaltsverzeichnis unter verschiedene Trennblätter einordnen. Nach unserer Erfahrung können vier bis fünf Pädagogen einen Ordner gemeinsam benutzen. Am besten ist es aber, wenn jeder sein eigenes Material hat und es einen Ordner für das Pädagogenteam gibt, der immer an seinem Platz steht.

Wenn Sie eigene Ordner anlegen, beschriften Sie sie z.B. mit dem Namen des Arbeitsteams. Es ist wichtig, dass Sie die Kontrolle darüber behalten, wie viele Ordner im Kindergarten oder in der Schule im Umlauf sind. Fall Sie eigene Ergänzungen machen wollen, sollten sie in allen Ordnern des Kindergartens bzw. der Schule vorhanden sein, damit der Inhalt derselbe bleibt. Wenn Sie einen gemeinsamen Arbeitsteam-Ordner wählen, sollten Sie ihn etwas stabilisieren, indem Sie die einzelnen Seiten in Prospekthüllen abheften.

Wenn Sie die Seiten „doppelseitig" einsortieren, sodass es Vorder- und Rückseiten gibt, ist bei den Stufenformularen und Kriterien darauf zu achten, dass die zusammengehörenden Seiten in einer Prospekthülle einsortiert werden, denn sie sollten auch zusammen kopiert werden, wenn sie zur Anwendung kommen.

✳ Der IEP-Ordner der Kinder

Der IEP-Ordner ist das Material, welches das Kind während der ganzen Kindergarten- und Schulzeit begleitet. Im IEP-Ordner werden der individuelle Entwicklungsplan, die Stufenübersichten, die Zielübersichten, Lernbeweise sowie Protokolle des Entwicklungsgesprächs und nationale Prüfungen gesammelt. Da der Ordner Originaldokumente und persönliche Informationen enthält, sollte er gesondert aufbewahrt werden.

Für das Material aus dem Praxisteil reicht eine Registereinteilung mit zehn Untergliederungen. Wenn Sie die Anzahl der Schulfächer erweitern oder eigene Papiere hinzufügen, müssen Sie das Register natürlich entsprechend anpassen. Man braucht in die Ordner der Kinder nicht sämtliche Formulare auf einmal einzuordnen. Für einen Einjährigen ist es nicht notwendig, das Material bereits eingeheftet zu haben, das Auskunft darüber gibt, welche Ziele in 15 Jahren im Fach Mathematik erreicht sein sollen. Mit größter Wahrscheinlichkeit sind die Erlasse geändert worden, bevor der Einjährige die neunte Klasse erreicht. Es ist jedoch wichtig, länger vorauszuplanen, um den roten Faden aufzeigen zu können. Man kann das Material aufteilen und z.B. zu drei verschiedenen Zeitpunkten herausgeben. Das Material sollte in Prospekthüllen einsortiert werden, weil es viele Jahre zur Anwendung kommt.

Jeder lernt für sich – und trotzdem alle gemeinsam

Die folgende Übersicht zeigt, zu welchem Zeitpunkt die einzelnen Formulare sinnvollerweise ausgeteilt werden sollten, um den IEP-Ordner übersichtlich zu halten:

Kindergarten	Vorschule – 4. Schuljahr	5. bis 9. Schuljahr
Personenformular: meine Kindergartenzeit Personenformular: Entwicklungsgespräche Personenformular: Einwilligung	Personenformular: meine Schulzeit	Personenformular: nationale Prüfungen
Dokumente der Entwicklungsgespräche	Individuelle Entwicklungspläne	Individuelle Entwicklungspläne
Stufenübersicht		
	Themenformular	Themenformular
Zielübersicht der sozialen Entwicklung Stufen 1–4 sowie aktuelle Stufenformulare für die soziale Entwicklung	Aktuelles Stufenformular für die soziale Entwicklung	Zielübersicht für die soziale Entwicklung Stufen 5–6 sowie aktuelle Stufenformulare
Zielübersicht Schwedisch, Stufen 1–6	Zielübersicht Schwedisch Stufen 7–12	Zielübersicht Schwedisch Stufen 8–15
Zielübersicht Mathematik Stufen 1–5	Zielübersicht Mathematik Stufen 6–11 sowie Stufen 12–17	Zielübersicht Mathematik Stufen 18–21 Sowie weitere Stufen*.
Zielübersicht Motorik		
	Zielübersicht Englisch Stufenübersicht 1–4 sowie 5–9	

Die Stufen- und Kriterienformulare sollten, abgesehen von den Stufenformularen für die soziale Entwicklung, nicht im IEP-Ordner sein. Auch diese sollten nur so lange im Ordner sein, wie sie als aktuell und interessant beurteilt werden. Der IEP-Ordner kann auch im Falle eines Pädagogenwechsels oder eines Wechsels der Einrichtung als Aufbewahrungsort der Stufenformulare dienen, die noch nicht vollständig bearbeitet sind, damit nicht riskiert wird, dass Informationen verloren gehen.

Im schwedischen IEP-Modell umfasst das Fach Schwedisch 15 Stufen, das Fach Mathematik 21 Stufen. In diesem Band sind exemplarisch die Stufen 1–14 vorgestellt.

Die Handhabung
aller Formulare

✳ Das bin ich

Den allgemeinen Ratschlägen zufolge soll der „individuelle Entwicklungsplan" die Fähig- und Fertigkeiten des Schülers und seine Interessen und Stärken als Ausgangspunkt haben. Demnach ist es sinnvoll, die Rubrik „Das bin ich" im IEP-Ordner an den Anfang zu setzen.

Wer ist die Person, die sich hinter all diesen Papieren versteckt? Die persönliche Entwicklung sichtbar zu machen, ist mindestens genauso wichtig, wie z.B. die Entwicklung im Fach Mathematik zu verdeutlichen, vielleicht sogar wichtiger. Die „Stärken, Fähigkeiten, Fertigkeiten und Interessen" brauchen nicht ausschließlich schulischen Charakter zu haben. Zusammen ergeben sie eine gute Ausgangslage für die Arbeit mit den individuellen Zielen. Deshalb sollte man jedes Jahr eine **„Das bin ich"-Seite** (s. S. 77) machen. Die Seite sollte nicht von Jahr zu Jahr gleich aussehen. Das Formular ist nur ein Beispiel, wie es zu einem Zeitpunkt aussehen könnte. In den Kleinkindjahren im Kindergarten können die Eltern und die Pädagogen die Seite z.B. mit vielen Fotografien und Kommentaren gestalten.

In den folgenden Jahren sollten die Seiten, wie oben erwähnt, einen unterschiedlichen Charakter und ein unterschiedliches Aussehen haben. Wenn der Schüler damit beginnt, über sich selbst zu schreiben, dann schreibt er meist über konkrete Ereignisse, die Eltern, das Haustier usw. Später sollte er jedoch dazu übergehen, dass er die Gedanken über sein Lernen und seine Arbeit in der Schule aufzeichnet. Hier könnte es auch von Interesse sein, dass der Schüler seinen Lernstil erläutert. Auf diese Weise zeigt man die persönliche Entwicklung auf, beginnend mit der Beschreibung des Schülers, weiterführend zu

seinen Gedanken über sich selbst, im Verhältnis zu seinem Lernen. Es wird von den Schülern geschätzt, dass diese Seiten aufbewahrt werden. So können sie beim Lesen dieser Seiten über ihre eigene Entwicklung nachdenken. Als Teenager erkennen zu können, wie man vor Jahren gedacht hat, trägt zur Erkenntnis bei, dass eine Reifung stattgefunden hat. Das kann für diejenigen besonders wichtig sein, die ein schwaches Selbstbild haben.

✳ Die Personen-
formulare

Meine Kindergartenzeit – meine Schulzeit

Es ist sinnvoll, nicht nur aufgeschrieben zu haben, in welchen Kindergarten und in welche Schule man gegangen ist, sondern auch, zu welcher Gruppe man gehörte und welche Pädagogen für einen verantwortlich waren. Bei einem Wechsel der Einrichtung ist es für den neuen Pädagogen vielleicht von Interesse, welche Kollegen er kontaktieren kann, wenn er mehr Informationen über ein Kind benötigt. Diese Angaben sind natürlich auch eine Erinnerungshilfe für den Schüler.

Einwilligungen, die den IEP-Ordner betreffen

Wir Pädagogen sind dafür verantwortlich, dass beide Elternteile mit Informationen versorgt werden. Erläutern Sie im Zusammenhang eines Elternabends oder eines Entwicklungsgesprächs das Ziel und den Inhalt des IEP-Ordners, und fragen Sie die Eltern, ob der IEP-Ordner an die neuen Pädagogen bei einem Wechsel der Einrichtung weitergereicht werden darf. Das gilt besonders dann, wenn verschiedene Geheimhaltungsstufen gelten, was im Kindergarten und in der Schule der Fall ist. Aber es betrifft auch den Wechsel in einen anderen Stadtteil oder in eine Privatschule. Sind die Eltern einverstanden, unterschreiben sie das Formular. Sie haben aber das Recht, ihre Entscheidung zu einem späteren Zeitpunkt zu widerrufen.

Entwicklungsgesprächsverzeichnis

Die Entwicklungsgespräche finden nicht mehr wie früher am Ende der beiden Schulhalbjahre statt, wo die Arbeitsbelastung besonders groß ist, sondern im Laufe der Schulhalbjahre, wenn es die Zeit zulässt. Deshalb sollte man festhalten, wann die Gespräche stattfanden und wer an ihnen teilnahm. Bei der Planung des kommenden Gesprächs hat man so eine Erinnerungsstütze, ob z.B. ein bestimmter Fachlehrer, ein Sonderpädagoge oder ein Dolmetscher anwesend waren. Außerdem wird schriftlich festgehalten, ob ein individueller Entwicklungsplan aufgestellt wurde und ob ein aktueller Maßnahmeplan vorhanden ist.
Alle Schüler müssen im Zusammenhang mit dem Entwicklungsgespräch einen individuellen Entwicklungsplan erhalten, und einige Schüler haben darüber hinaus einen Maßnahmeplan, der zu jedem Zeitpunkt des Schuljahres aufgestellt werden kann.

Auf dem Personenformular **„Entwicklungsgespräch"** wird vermerkt, dass es einen solchen gibt. Wir haben beschlossen, dass der eigentliche Maßnahmeplan nicht in den IEP-Ordner kommt, aber die Ergebnisse, die die Entwicklung des Schülers aufzeigen. So können z.B. bei einem Wechsel die neuen Pädagogen erkennen, wo sich der Schüler in seiner Entwicklung befindet.

✳ Das Entwicklungsgespräch

Das Entwicklungsgespräch wird gewöhnlich von den Eltern, Kindern und uns selbst als etwas sehr Positives erlebt. Es ist die Zeit, wo man sich ganz auf das einzelne Kind konzentriert, die Möglichkeit zum Informationsaustausch hat sowie die Möglichkeit hat, über die Arbeit im Kindergarten zu diskutieren. Das Entwicklungsgespräch gestaltet sich natürlich verschieden, abhängig davon, ob es im Kindergarten oder in der Schule stattfindet. Aber bei beiden gilt, dass das Kind im Mittelpunkt steht und ausgehend von seinen Bedürfnissen die zukünftige Arbeit besprochen wird.

Die Qualität entsteht bei der Begegnung zwischen den Menschen. Lassen Sie das Entwicklungsgespräch eine Begegnung sein, wo alle Beteiligten die Möglichkeit erhalten, sich auszudrücken, wo sie gehört werden, mit dem Ziel, herauszubekommen, wie alle Beteiligten zum Lernen des Kindes in der Zukunft beitragen können. Während der ersten Lebensjahre des Kindes sind es natürlich die Erwachsenen, die über das Kind und nicht so viel mit dem Kind sprechen. Aber so bald wie möglich sollten Sie daran denken, das Kind am Gespräch teilnehmen zu lassen.

Versuchen Sie, die Gesprächsformulare so viel wie möglich beiseite zu legen, und bevorzugen Sie das eigentliche Gespräch. Die Formulare können bei der Gesprächvorbereitung als Informationsquelle dienen, und mit ihrer Hilfe lassen sich auch die Schwerpunkte herausstellen. Aber im Gespräch selbst sollten Sie sich darauf konzentrieren, was in der kommenden Zeit gemacht werden soll. Werden die Eltern über den Stand des Schülers in den einzelnen Fächern bereits im Vorfeld informiert, können sie sich auch an der Gesprächsvorbereitung beteiligen, indem sie der Schule mitteilen, worüber sie sprechen wollen.

Die Stufenformulare für die soziale Entwicklung werden z.B. bei den Entwicklungsgesprächen verwendet, aber auch da kann man schon im Voraus festlegen, worüber man sprechen möchte. Manchmal wollen die Schüler und die Eltern über alle Punkte sprechen, aber meistens reicht eine Zusammenfassung aus.

Im Gespräch sollten Sie zum einen über die soziale und fachspezifische Entwicklung des Schülers sprechen und zum anderen darüber nachdenken, wie sie gemeinsam zur weiteren Entwicklung des Schülers beitragen können. Im Abschnitt 3 des Schüler-Ordners finden Sie einige Aspekte, die als Vorschlag für das Gespräch dienen können. Dennoch sollten Sie versuchen, eine Balance zu finden zwischen der vorbereiteten Gesprächsstruktur und dem tatsächlichen Gesprächsverlauf. Lassen Sie nicht zu sehr die Punkte das Gespräch steuern, auch wenn Sie nach einer guten Gesprächsstruktur streben sollten. Zur Erinnerung: beachten Sie das jeweilige Kind – nicht alle haben dieselben Bedürfnisse.

Die Gespräche sollten am Ende schriftlich zusammengefasst werden. Es ist wichtig, dass Sie sich über die Form und den Inhalt der Gesprächsdokumentation an Ihrer Schule bzw. Ihrem Kindergarten einigen. Die Dokumentation im Kindergarten sieht anders aus als die der Schule.

✳ Der individuelle Entwicklungsplan (IEP)

Im Gegensatz zur Schule hat der Kindergarten keinen Auftrag vom Staat, einen individuellen Entwicklungsplan aufzustellen. Der Kindergarten kann von der Kommune den Auftrag erhalten haben, aber auch dann sieht der IEP anders aus als in der Schule. In jedem Fall muss der Kindergarten jedoch eine gute pädagogische Dokumentation haben, als Grundlage für den Informationsaustausch, die Planung und die pädagogische Diskussion. Im Praxisteil wird das Formular für den

Kindergarten nicht „IEP" genannt, sondern „Entwicklungsgespräch".

Im Kindergarten verfolgen wir die Entwicklung des Kindes, aber wir setzen keine konkreten Ziele. Im Kindergarten gibt es lediglich angestrebte Ziele, während die Ziele in der Schule erreicht werden müssen. Natürlich fördern wir das Lernen im Kindergarten, wecken die Neugierde der Kinder und schaffen eine gute Umgebung für das Lernen. Aber eine Entwicklung zu begleiten und zu fördern ist nicht dasselbe, wie messbare Ziele festzulegen. Die Ziele, die auf den Stufenformularen zu finden sind, sind für unsere Beobachtungen und für unsere Planung. Dokumente solcher Art sind auch nützlich im Kontakt mit den Eltern. Im Praxisteil ist ein Formular als Vorschlag für ein Entwicklungsgespräch im Kindergarten gedacht. Wir beschreiben, wo sich das Kind in seiner Entwicklung befindet, wofür es sich zurzeit interessiert und wie wir die kommende Entwicklung fördern können.

Was gehört in einen IEP?

In einem IEP wird Folgendes festgehalten:

➡ Woran soll gearbeitet werden, damit der Schüler mit der Zielerfüllung des Kurs- und Rahmenplans vorankommt?

➡ Wie soll die Arbeit damit aussehen?

➡ Was können die Schule, der Schüler und die Eltern zum erfolgreichen Gelingen beitragen?

Ein Entwicklungsplan braucht nicht während der ganzen Schulzeit exakt gleich auszusehen. Vor allem braucht nicht das Haupt-Augenmerk auf dasselbe gerichtet sein. Der Fokus auf die Schulfächer wird mit steigendem Alter sicher stärker werden. Entwickeln Sie ein Programm, das zu Ihrer Schule passt.

Die Hauptarbeit beginnt, nachdem der Plan aufgestellt ist. Es ist wichtig, kontinuierlich Rechenschaft über die Erfüllung abzugeben und beim nächsten Entwicklungsgespräch eine Auswertung vorzunehmen. Dazu ist es hilfreich, die Formulare immer auf dem aktuellen Stand zu halten.

✺ Die Stufenübersicht

Die **Stufenübersicht** (s. S. 84 – 87) ist das Formular im IEP-Ordner, welches das ganze Material auf einer Seite zusammenfasst. So kann man sehen, wo sich das Kind im System befindet. In den Übersichten gibt es die Stufen für die Entwicklung in den Fächern und die Stufen für die soziale Entwicklung, die unterschiedlich ausgefüllt werden. Wenn eine Stufe in einem Fach fertig bearbeitet ist (die Ziele auf dem Formular also vollständig erreicht sind), wird dieses vom verantwortlichen Pädagogen mit einer Unterschrift und dem entsprechenden Datum auf dem Formular dokumentiert. Mit „geschafft" ist gemeint, dass beide, der Lehrer und der Schüler, darin übereinstimmen, dass der Schüler „kann" ankreuzen darf. Die Stufen für die soziale Entwicklung werden, wie schon erwähnt, anders gehandhabt. Die Stufe wird ausgemalt, wenn man bei einem Entwicklungsgespräch über den Inhalt gesprochen hat. Da steht nichts darüber, wie es gelaufen ist, sondern nur, dass man darüber gesprochen hat.

Der Praxisteil enthält zwei Versionen der Stufenübersichten, weil manche Schüler sich in den verschiedenen Teilbereichen eines Faches unterschiedlich schnell entwickeln (z. B. sprechen – zuhören – lesen – schreiben). Für diese Schüler kann die **unterteilte Stufenübersicht** (s. S. 86/87) gewählt werden, bei der die Zielerfüllung von jeder Stufe gradweise ausgefüllt werden kann.

Der individuelle Entwicklungsplan soll sich ausgehend von der Beurteilung des Ist-Standes auf das Kommende konzentrieren. Dennoch erweist es sich manchmal als wertvoll, einen gewissen Rückblick zu haben, um besser vorwärts gehen zu können.

Es herrschen daher verschiedene Meinungen darüber, wie viel archiviert werden soll. Darüber müssen Sie sich einigen. Wir bewahren die Stufenübersichten, die Personenseiten sowie die Gesprächsdokumentationen der Entwicklungsgespräche auf. Diese Vorgehensweise hat sich für uns als sehr praktikabel erwiesen.

Die soziale Entwicklung

Die soziale Entwicklung ist in unseren Formularen an das Alter und Schuljahr gekoppelt.

Kindergarten
Alter: 1– 3 Jahre   Stufe 1

Kindergarten/Vorschule
Alter: 4 – 6 Jahre   Stufe 2

Schule
Schuljahr: 1 – 2	Stufe 3
Schuljahr: 3 – 4	Stufe 4
Schuljahr: 5 – 6	Stufe 5
Schuljahr: 7 – 9	Stufe 6

Da dieselbe Stufe über mehrere Jahre angewendet wird, bekommt jedes Kind mehrere Exemplare vom selben Stufenformular, z.B. ein Formular vor jedem Entwicklungsgespräch. In den Stufenübersichten notiert man, zu welchem Zeitpunkt man das aktuelle Stufenblatt besprochen hat.

Die Entwicklung in den Fächern

Die Stufen in den verschiedenen Fächern sind nicht an das Alter und Schuljahr gebunden. Das ist so, seitdem wir in Schweden in der Schule zielgerichtet arbeiten. Das bedeutet, dass wir keinen Kursplan für jedes Schuljahr haben, sondern nur die langfristigen Ziele für das fünfte bzw. neunte Schuljahr vorgegeben sind.

Die Schüler und die Eltern müssen jedoch wissen, welche Ziele im fünften und im neunten Schuljahr erreicht werden sollen. Unsere Aufgabe ist auch, das ungefähre Arbeitstempo vorzugeben. Die Stufen in den verschiedenen Fächern sind nicht synchronisiert, das heißt, man braucht nicht auf dem gleichen Stufenniveau in allen Fächern zu sein. Wenn eine Stufe geschafft ist, markiert der verantwortliche Pädagoge dieses in der Stufenübersicht. So hat man auf der Stufenübersicht auf einen Blick eine Übersicht darüber, auf welchen Stufen der Schüler sich befindet.

❋ Das Themenformular

Zurzeit haben wir nur Stufenformulare für Schwedisch, Mathematik und Englisch. Die Motorikstufen sind nur der einleitende Teil dafür, was in der Zukunft das Fach „Sport und Gesundheit" werden soll. Wir wollen natürlich keine Dreifächer-Schule entwickeln. Unsere Arbeit ist von einem fächerübergreifenden Ganzheitsdenken geprägt. Schaut man sich nur die angestrebten Ziele an, ist es manchmal sogar schwierig, sie direkt einem Fach zuzuordnen. Viele gehören zu mehreren Fächern und legen so fächerübergreifendes Arbeiten und den Projektunterricht als geeignete Unterrichtsform nahe. Indem alle Fächer bei einer thematischen Arbeit eingebunden werden und deutliche Ziele für jedes Thema formuliert werden, bekommen wir eine Grundlage für den individuellen Entwicklungsplan für sämtliche Fächer.

Ein Themenformular kann verschieden aussehen, abhängig davon, in welchem Alter es angewendet werden soll, wie der Unterricht aufgebaut ist und wie umfassend die Arbeit sein soll. Im Praxisteil finden Sie einige verschieden ausgeformte Vorschläge, aber am besten ist, Sie entwickeln eigene Formulare, die Ihrer Arbeit angepasst sind.

Für die kleineren Kinder, die noch nicht selbst formulieren können, kann das Arbeitsteam ein übergreifendes Formular anfertigen, welches die Kinder auf verschiedene Weise komplettieren können. Ältere Schüler können bei der Auswahl der Ziele, bei der Wahl der Arbeitsweise und der Wahl der Präsentationsform mitentscheiden.

Ein Themenformular soll beim Startpunkt der Arbeit begonnen und im Zusammenhang mit der Auswertung abgeschlossen werden. Die Kinder können auf verschiedene Art ihre Arbeitsweise und ihr Resultat beschreiben, erläutern und auswerten, um so die Reflexion über das eigene Lernen zu trainieren. Dabei sollte auch dokumentiert werden, warum bestimmte Arbeitsergebnisse für den IEP-Ordner ausgewählt wurden. Welche Stärken und Fähigkeiten lassen sich daraus ablesen?

❋ Die Zielübersichten

Die Zielübersichten sind konkretisierte Kurspläne. Sie beinhalten die Ziele für jede Stufe, sodass Sie die Ziele auf einen Blick haben.

Gewisse Ziele in Schwedisch, Mathematik und Englisch sollen im IEP-Ordner von allen Kindern mit einem Beispiel belegt werden. Diese sind in den Zielübersichten hervorgehoben (s. S. 94 – 107). Häufig wollen die Eltern auch ein zusätzliches Exemplar von den Zielübersichten haben. Das ist natürlich möglich.

❋ Die „Lernbeweise"

Der individuelle Entwicklungsplan geht von der Auswertung der Entwicklung des Schülers in den verschiedenen Fächern aus. Indem man die Schülerarbeiten, die zur Einschätzung geführt haben, aufbewahrt, erhält man außer einer Bestätigung der erreichten Ziele auch die Grundlage für die Arbeit mit neuen Zielen. Es gibt viele Arten der Dokumentation der Zielerfüllung. Die Kopplung der Stufenformulare mit dem Portfolio, in dem nicht nur die Zielerfüllung, sondern auch der Weg dahin aufgezeigt wird, ergibt ein vollständigeres Bild über das Lernen. Die Arbeit mit dem IEP und mit dem Portfolio ist eine Möglichkeit, voraus- und zurückblicken zu können. So können die Schüler ganz konkret die Ziele in die tägliche Arbeit mit einbeziehen.

Wir haben gewisse Ziele ausgewählt, die von jedem Schüler im IEP-Ordner mit einem Beispiel belegt werden sollen. Sie sind mit einem Punkt markiert und durch eine fettgedruckte, kursive Schrift hervorgehoben. Diese Arbeitsbeispiele, die „Lernbeweise" der Kinder, werden mit der Information versehen, zu welcher Stufe sie ausgeführt wurden und wann sie gemacht wurden. Verwenden Sie dazu die „Motivationsetiketten" (s. S. 197) oder schreiben Sie direkt auf die Arbeit, die in den Ordner kommt. Das Arbeitsbeispiel wird hinter die jeweilige Zielübersicht des

Faches einsortiert. Hinter der Zielübersicht für das Fach Schwedisch soll z.B. ein Lernbeweis für das Als-ob-Schreiben einsortiert werden. Für diejenigen, die ein gut funktionierendes Entwicklungsportfolio haben, welches im Kindergarten angefangen und in der Schule weiter geführt wurde, ist das Beispiel der Zielerfüllung im IEP-Ordner natürlich überflüssig.

✳ Stufenformulare als Grundlage für den IEP und das Portfolio

Die Stufenformulare dürfen nicht mit dem individuellen Entwicklungsplan verwechselt werden. Sie sind ein Werkzeug für die tägliche Arbeit und eine Ergänzung, z.B. für die Portfoliomethode. Die Stufen konkretisieren die Kurspläne und sind ein Wegweiser bei der Arbeit mit der Zielerreichung des Rahmenplans. Um gewisse Fähigkeiten, Fertigkeiten und Einsichten zu erlangen, braucht man „Bausteine", die durch die Arbeit mit den Stufen schrittweise erarbeitet werden.

Der individuelle Entwicklungsplan gründet sich u.a. auf die Feststellung des Entwicklungsstandes des Schülers in den verschiedenen Fächern und seiner sozialen Entwicklung, im Verhältnis zu den Zielen der Kurspläne und des Rahmenplans. Die Stufenformulare können bei dieser Arbeit eine Hilfe sein.

Die Stufenformulare beinhalten die aufgestellten Ziele. Auf der Rückseite sind die Kriterien, die den Inhalt der Ziele erklären und zu einem gewissen Teil auch den Schwierigkeitsgrad angeben. In den Stufenformularen kann man auch nachlesen, was mit einem Beispiel im IEP-Ordner belegt werden soll.

Die Stufenformulare sollten für den Schüler zugänglich sein, weil sie ein Werkzeug für die tägliche Arbeit sind. Sie können in einem Ar-

beitsportfolio, einem Logbuch, einer Mappe usw. aufbewahrt werden. Innerhalb des Kindergartens verwahren wir die Stufenformulare im IEP-Ordner, da sie in diesem Zeitraum nur ein Material für Erwachsene sind. Sie werden so lange aufbewahrt, wie sie die Entwicklung des Kindes fördern. Wie haben die Stufenformulare nicht für den Blick in die Vergangenheit, sondern für den Blick in die Zukunft. Viele Schüler wollen die Stufenformulare behalten und tun sie deshalb nach Erledigung ins Portfolio.

Die meisten Kinder arbeiten mit mehr als einem Stufenformular gleichzeitig. Es ist ziemlich unwahrscheinlich, dass jemand in der persönlichen Entwicklung und in der Entwicklung in den einzelnen Fächern mit nur einem Stufenformular arbeitet. So kann es sein, dass ein Schüler in Schwedisch im Lernbereich Lesen schon auf Stufe 6 ist, im Schreiben aber erst auf Stufe 5. Dann werden natürlich auch zwei verschiedene Stufenformulare benötigt. Für gewöhnlich sind zwei oder auch drei Stufenformulare gleichzeitig in Anwendung. Das Wichtigste ist natürlich nicht, dass die Stufenformulare ausgefüllt werden, sondern dass sich tatsächlich das Wissen und Können angeeignet wurde und dass es entsprechend den Forderungen des Kurs- und Rahmenplans angewendet werden kann.

Beurteilung und Kriterien

Es gibt zwei Arten von Stufenformularen und zwei Arten von Beurteilungen. Die soziale Entwicklung wird ausgehend davon beurteilt, in welchem Ausmaß etwas geschieht. Wir teilen die soziale Entwicklung in drei Niveaus ein: selten – manchmal – meistens.

Die Entwicklung in den Fächern wird auch in drei Niveaus eingeteilt: unsicher – auf gutem Weg – kann. Die Qualität der Zielerfüllung wird in den Zensurenkriterien beschrieben und auf den Stufenformularen nicht erwähnt. Natürlich ist eine gewisse Garantie gegeben, dass man durch die Erreichung der Ziele auf den Stufenformularen auch die Schuljahresziele insgesamt erreicht. Aber die qualitative

Beurteilung, die sich in der Zensurenskala widerspiegelt, kann nicht direkt von den erreichten Zielen im Stufenformular abgelesen werden.

Um eine gemeinsame Grundlage in der Beurteilung zu schaffen und um die Ziele zu verdeutlichen, sind zu einer Vielzahl der Ziele Kriterien aufgestellt. Es ist wichtig, dass die verschiedenen Stufen und Kriterien nicht miteinander vertauscht werden. Deshalb ist es von Vorteil, wenn die Stufenformulare mit den Kriterien auf der Rückseite kopiert werden, sodass der Schüler sie auf ein und demselben Blatt Papier hat.

Der Kindergarten

Die Stufenformulare für den Kindergarten sehen anders aus als die für die Schule. Im Kindergarten hat man zum einen keine Ziele, die erreicht werden müssen, sondern nur angestrebte Ziele. Zum anderen soll der Kindergarten auch nicht die Kinder auf dieselbe Weise beurteilen, wie die Schüler in der Schule beurteilt werden. Deshalb sind auf den ersten Stufenformularen noch keine Beurteilungsskalen (Smileys) vorhanden. Die Pädagogen notieren nur den Zeitpunkt, wann das Kind das macht, was auf den Stufenformularen beschrieben wird.

Die Stufenformulare für die soziale Entwicklung

Die soziale Entwicklung ist niemals abgeschlossen, und sie kommt auch nicht von allein, sondern muss ständig trainiert werden. Die Stufen für die soziale Entwicklung handhaben wir anders als die Stufen für die Fächer.

Wie schon erwähnt, ist die soziale Entwicklung ans Alter und Schuljahr gekoppelt, das heißt, wir verwenden die gleiche Stufe für mehrere Entwicklungsgespräche. Wir haben für die soziale Entwicklung keine Kriterien zum Stufenformular formuliert, die Stufen sollen eine Diskussionsgrundlage sein. Die Kriterien werden individuell im Gespräch festgelegt. Die Anforderungen steigen mit fortschreitendem Alter und Reifegrad der Kinder. Beim Gespräch mit dem Schüler und den Eltern kann man sich gemeinsam auf das Anforderungsniveau einigen.

Sprechen Sie ausführlich mit den Kindern über den Inhalt der Stufenformulare und was die Ziele bedeuten. Sie können das Stufenformular auch als Grundlage für ethische Diskussionen verwenden und sie mit den Regeln der Schule bzw. der Klasse in Verbindung bringen. Letztendlich ist jedoch das richtige Handeln bei der Beurteilung von Bedeutung. Es reicht nicht, dass man weiß, wie man sich verhalten sollte, man muss es auch tun.

Wie und wann die Stufenformulare ausgefüllt werden, kann variieren. Einige möchten es vielleicht im Zusammenhang mit dem Entwicklungsgespräch machen, während es andere lieber in die gemeinsame Arbeit in der Klasse integrieren.

Es wird zeitlich nicht machbar sein, das Stufenformular vollständig während des Entwicklungsgesprächs durchzugehen und auszufüllen, weil damit riskiert wird, dass das eigentliche Gespräch zu kurz kommt. Deshalb sollte man sich auf das Gespräch vorbereiten. Die Stufenübersicht wird ausgefüllt, wenn man das aktuelle Stufenformular bei einem Entwicklungsgespräch verwendet hat und den Inhalt in seiner Gesamtheit durchgesprochen hat. Da ist es dann möglich, Vergleiche anzustellen, die kommende Arbeit zu besprechen und eventuelle Vereinbarungen zu treffen. Es ergibt sich z.B. ein neues Ziel für den individuellen Entwicklungsplan. Wir haben beschlossen, mit dem Schüler zu besprechen, was er macht, und nicht, wie er ist.

Eigentlich sollen keine Stufenformulare im IEP-Ordner aufbewahrt werden, aber gerade die Stufenformulare für die soziale Entwicklung kann man, wenn man möchte, dort einordnen, weil sie dort vertraulicher behandelt werden. Die zuletzt verwendeten Stufenformulare sollen immer aufbewahrt werden, damit sie bei einem Wechsel nicht verloren gehen, und deshalb können sie im IEP-Ordner eingeordnet werden.

Für die soziale Entwicklung gibt es keine Ziele, die mit Beispielen im IEP-Ordner belegt werden müssen. Die Stufenformulare haben trotzdem Markierungen, falls jemand dazu gerne gute Beispiele in seinem Portfolio dokumentieren möchte.

Wenn das Stufenformular fertig ist, unterschreibt es der Pädagoge, datiert es und sortiert es bei den Stufenübersichten ein. Ein fertiges Stufenformular braucht nicht aufbewahrt zu werden, dagegen sollte ein unfertiges Stufenblatt bei einem Wechsel an den neuen Pädagogen weiter gereicht werden.

✳ Die Stufenformulare für die Entwicklung der Fächer im Kindergarten

Der Kindergarten beurteilt nicht den Weg zur Zielerfüllung, sondern es wird nur notiert, wenn die Ziele erreicht sind. Wenn das Kind schon während der Kindergartenzeit ein Stufenformular mit Beurteilungsmöglichkeit hat, z.B. Mathematik Stufe 4, wird trotzdem keine Beurteilung vorgenommen. Wenn der Pädagoge feststellt, dass das Kind etwas vom Stufenblatt gut beherrscht, wird das in der Spalte des Datums festgehalten. Das exakte Datum braucht nicht notiert zu werden, aber der Monat und das Jahr, z.B. März 07, wird empfohlen.

Der Pädagoge unterschreibt und notiert auch, ob das Arbeitsbeispiel als Bestätigung der Zielerfüllung ins Portfolio einsortiert wurde. Was aufbewahrt wird, kann vom Kind, von den Eltern und vom Pädagogen beschlossen werden. Die Eltern können z.B. bei einem Entwicklungsgespräch ihre Wünsche äußern, was v om Stufenformular mit einem Beispiel belegt werden soll.

Die Ziele, die verbindlich mit einem Beispiel belegt werden sollen, werden in derselben Art markiert, unabhängig davon, was es für eine Art von Formular ist. Das, was obligatorisch ist für das Portfolio und für das IEP, ist in der Stufenübersicht hervorgehoben. Dasjenige, was in den IEP-Ordner eingesetzt werden soll, ist mit einem Punkt markiert und mit einer fettgedruckten kursiven Schrift hervorgehoben.

✳ Die Stufenformulare für die Entwicklung in den Fächern

Die Stufenformulare der Schule unterscheiden sich von denen des Kindergartens in Bezug auf die Beurteilung. In der Schule wird eine Beurteilung auf dem Weg zur Zielerfüllung gemacht, und es ist der Schüler, der vor dem Lehrer sein Urteil abgibt. Es ist ein langer Prozess, bis die Kinder ihr eigenes Lernen beurteilen können. Man geht schrittweise vor und arbeitet anfänglich individuell mit dem Schüler. Es wird meist der Begriff „kann" verwendet. Wenn die Schüler damit beginnen, über die eigene Zielerfüllung zu reflektieren, kann man einige der Ziele heraussuchen, damit sie auf diese Weise das System kennen lernen.

Zur Erinnerung – der Schüler beurteilt sich immer zuerst. Es wird ausgehend von aufgestellten Kriterien beurteilt, die wir zu Beginn der Arbeit mit den Stufenformularen erklären.

„Für meinen IEP-Ordner" und verschiedene Formulare zum Schreiben

Unabhängig davon, ob man Motivationsetiketten verwendet (s. S. 197) oder nicht, ist es wichtig, die Arbeit mit der Stufe, die damit erreicht wurde, zu markieren und zu erläutern, warum gerade diese Arbeit ausgesucht wurde. Viele Schüler wollen auf ein besonderes Papier schreiben, wenn sie etwas für den IEP-Ordner oder das Portfolio machen, deshalb gibt es diese zwei Formulare als Beispiele.

Abschließende Gedanken

Die Arbeit läuft – die Entwicklung ist im Gang. Endlich wurde von der Regierung der Beschluss gefasst, dass alle Schüler der Grundschule (erste bis neunte Klasse) in ganz Schweden einen individuellen Entwicklungsplan haben müssen. Die meisten sind sich im Klaren darüber, dass nicht das eigentliche Dokument die Herausforderung ist, sondern die Arbeitsweise, die durch die allgemeinen Ratschläge des Schulamts festgelegt ist. Drastisch ausgedrückt bedeutet das, die Intentionen und Ziele der Rahmenpläne durchzuführen. In diesen Bahnen dachten wir auch, als wir mit unserer Arbeit begannen, und wir nannten sie IEP. Wir mussten diesen Begriff IEP zu IEP-Ordner abändern, aber eigentlich arbeiten wir immer noch in derselben Weise und führen unseren Auftrag laut den Erlassen durch. Die Kinder und Jugendlichen sollen sich entwickeln und die Ziele der Erlasse erreichen – die Ziele in den einzelnen Fächern und die Ziele des „heimlichen Lehrplans", die so viel mehr umfassen und für eine demokratische Gesellschaft bürgen, aufgebaut auf unserem Wertegrund.

Viele Kindergärten und Schulen, die nun mit diesem IEP-Material arbeiten, haben sicher festgestellt, dass das kein einfacher Weg ist, aber dass viele Diskussionen angeregt werden, Überlegungen angestellt werden und dass eine Entwicklung geschieht – frei nach dem Motto: Und die Schule bewegt sich doch.

Der pädagogische Diskurs hat einen Aufschwung erfahren, und überall spricht man in Schweden über IEP. Das Bewusstsein über den Lernprozess hat zugenommen. Stufenformularmessungen haben z.B. gezeigt, dass es einen großen Bedarf an Fortbildungen auf einigen Gebieten gibt. Ein größeres Bewusstsein hat auch zu einem größeren Interesse geführt, unsere Arbeit wahrnehmbarer und deutlicher zu machen. Das hat die Qualitätsarbeit beflügelt.

Man kann nur feststellen – eine solche Arbeit wird nie abgeschlossen sein. Fragen erzeugen Fragen, die wiederum neue Gedanken und Diskussionen hervorbringen. Es ist wohl genau so, wie es sein soll, wenn man über Entwicklung spricht – nichts ist statisch, und die Umgebung und die Erwartungen verändern sich kontinuierlich. Obwohl wir bereits so viel nachgedacht, diskutiert und ausprobiert haben, dass wir schließlich unsere Gedanken und Methoden in diesem Buch sammeln konnten, ist auch unsere Arbeit noch lange nicht abgeschlossen.

Wir wollen so leben, wie wir es lehren, das heißt, mit ständigen Verbesserungen. Dazu gehört auch die ständige Weiterentwicklung des Materials in diesem Band bzw. Ihres eigenen Materials. Sicher haben Sie, wenn Sie eine Weile mit dem IEP-Material gearbeitet haben, viele Verbesserungsvorschläge. Führen Sie sie durch! Bleiben Sie nicht stehen! Entwickeln Sie das Material weiter, und benutzen Sie es als Werkzeug für die Entwicklungsarbeit!

Berichten Sie uns gern, wie Sie im Kindergarten und in der Schule arbeiten. Wir haben so viel voneinander zu lernen. Wir haben schließlich eine gemeinsame wichtige Aufgabe – wir tragen die Verantwortung für die Kindergarten- und Schulzeit unserer Kinder und Schüler.

Viel Erfolg!
Agneta Zetterström

Praktischer Teil

Inhalt des IEP-Ordners

1 Das bin ich

2 Personenformulare
- meine Kindergartenzeit
- meine Schulzeit
- Einwilligung in die Weitergabe des IEP-Ordners
- Entwicklungsgesprächsverzeichnis
- Nationale Prüfungen

3 Entwicklungsgespräche im Kindergarten
Individuelle Entwicklungsgespräche – IEP

4 Stufenübersichten

5 Themenformulare

6 Soziale Entwicklung

7 Schwedisch

8 Mathematik

9 Englisch

10 Motorik

© Verlag an der Ruhr ▪ Postfach 10 22 51 ▪ 45422 Mülheim an der Ruhr ▪ www.verlagruhr.de ▪ ISBN 978-3-8346-0261-9

Das bin ich

Datum: _____

Name: _____

© Verlag an der Ruhr ▪ Postfach 10 22 51 ▪ 45422 Mülheim an der Ruhr ▪ www.verlagruhr.de ▪ ISBN 978-3-8346-0261-9

Meine Kindergartenzeit

Name: _____

Geburtsdatum: _____

Muttersprache: _____

Erziehungsberechtigte: _____

Weitere Informationen: _____

_____

_____

_____

_____

Kindergarten	Jahr	Gruppe	verantwortliche/r PädagogIn

© Verlag an der Ruhr ▫ Postfach 10 22 51 ▫ 45422 Mülheim an der Ruhr ▫ www.verlagruhr.de ▫ ISBN 978-3-8346-0261-9

Meine Schulzeit

Schule	Jahr	Klasse	KlassenlehrerIn

© Verlag an der Ruhr ▫ Postfach 10 22 51 ▫ 45422 Mülheim an der Ruhr ▫ www.verlagruhr.de ▫ ISBN 978-3-8346-0261-9

Schüler optimal begleiten und fördern

Einwilligung in die Weitergabe des IEP-Ordners

Ich/wir sind damit einverstanden, dass der Inhalt des IEP-Ordners an die Pädagogen meines Kindes im Kindergarten und in der Schule weitergeleitet werden darf.

Name des Kindes: _____

Geburtsdatum: _____ Gruppe/Klasse: _____

Erziehungsberechtigter 1:	Erziehungsberechtigter 2:
☐ **Ja**, ich bin damit einverstanden, dass die Informationen im IEP-Ordner meines Kindes im Rahmen eines Wechsels der Einrichtung an die neuen Pädagogen weitergeleitet werden dürfen.	☐ **Ja**, ich bin damit einverstanden, dass die Informationen im IEP-Ordner meines Kindes im Rahmen eines Wechsels der Einrichtung an die neuen Pädagogen weitergeleitet werden dürfen.
☐ **Nein**, ich bin nicht damit einverstanden, dass die Informationen im IEP-Ordner meines Kindes im Rahmen eines Wechsels der Einrichtung an die neuen Pädagogen weitergeleitet werden dürfen.	☐ **Nein**, ich bin nicht damit einverstanden, dass die Informationen im IEP-Ordner meines Kindes im Rahmen eines Wechsels der Einrichtung an die neuen Pädagogen weitergeleitet werden dürfen.

Name des Erziehungsberechtigten 1:

_____

Name des Erziehungsberechtigten 2:

_____

Unterschrift der Erziehungsberechtigten

Name _____ Datum _____

Name _____ Datum _____

© Verlag an der Ruhr ▫ Postfach 10 22 51 ▫ 45422 Mülheim an der Ruhr ▫ www.verlagruhr.de ▫ ISBN 978-3-8346-0261-9

Entwicklungsgesprächsverzeichnis

Name: _____ Erziehungsberechtigte:

Geburtsdatum: _____ _____

Muttersprache: _____ _____

~~~~~~

Datum: _____

Anwesendes Kind: _____

Pädagoge: _____

Weitere Personen: _____

IEP aufgestellt ❑   Nr.: _____

Es gibt einen aktuellen Maßnahmenplan: _____

~~~~~~

Datum: _____

Anwesendes Kind: _____

Pädagoge: _____

Weitere Personen: _____

IEP aufgestellt ❑   Nr.: _____

Es gibt einen aktuellen Maßnahmenplan: _____

© Verlag an der Ruhr ▣ Postfach 10 22 51 ▣ 45422 Mülheim an der Ruhr ▣ www.verlagruhr.de ▣ ISBN 978-3-8346-0261-9

Zentrale Prüfungen

Name: _____

Geburtsdatum: _____

Muttersprache: _____

Zentrale Prüfungen im _____ Schuljahr ~~~~~~~~~~~~~~~~~~~~~~~~~~~~~

Fach: _____

Bemerkung: _____

Fach: _____

Bemerkung: _____

Fach: _____

Bemerkung: _____

Zentrale Prüfungen im _____ Schuljahr ~~~~~~~~~~~~~~~~~~~~~~~~~~~~~

Fach: _____

Bemerkung: _____

Fach: _____

Bemerkung: _____

Fach: _____

Bemerkung: _____

© Verlag an der Ruhr ▫ Postfach 10 22 51 ▫ 45422 Mülheim an der Ruhr ▫ www.verlagruhr.de ▫ ISBN 978-3-8346-0261-9

Individuelle Entwicklungspläne

Anleitung zum Ausfüllen der Formulare

So füllst du diese Formulare aus:

Soziale Entwicklung Stufen 1 – 6:

Es hängt von deinem Alter ab, welche Stufe gewählt wird. Jedes Mal, wenn ihr über eine Stufe bei einem Entwicklungsgespräch sprecht, malst du ein Feld aus. Vergiss nicht, das Schuljahr und die Jahreszahl einzutragen!

Stufen in anderen Lernbereichen:

Wenn du das ganze Stufenformular fertig hast, also alle Ziele auf einem Formular erreicht hast, wird das unter dem Feld unterschrieben, z.B. mit dem Monat und dem Jahr und der Unterschrift des Pädagogen.

Anleitung für die untergliederten Stufen-übersichten:

Immer, wenn einer der verschiedenen **Teilbereiche** des Stufenformulars erfüllt ist, wenn du also alle Ziele aus dem **Teilbereich** erreicht hast, wird es mit dem Datum und der Unterschrift deines Pädagogen eingetragen.

© Verlag an der Ruhr ⊡ Postfach 10 22 51 ⊡ 45422 Mülheim an der Ruhr ⊡ **www.verlagruhr.de** ⊡ ISBN 978-3-8346-0261-9

Soziale Entwicklung, Schwedisch

Name: _____   Geburtsdatum: _____

Soziale Entwicklung Stufen 1 – 6

a) Unterschrift; b) Datum

	1			**2**	
a)	a)	a)	a)	a)	a)
b)	b)	b)	b)	b)	b)
a)	a)	a)	a)	a)	a)
b)	b)	b)	b)	b)	b)
a)	a)	a)	a)	a)	a)
b)	b)	b)	b)	b)	b)

	3			**4**	
a)	a)	a)	a)	a)	a)
b)	b)	b)	b)	b)	b)
a)	a)	a)	a)	a)	a)
b)	b)	b)	b)	b)	b)
a)	a)	a)	a)	a)	a)
b)	b)	b)	b)	b)	b)

	5			**6**	
a)	a)	a)	a)	a)	a)
b)	b)	b)	b)	b)	b)
a)	a)	a)	a)	a)	a)
b)	b)	b)	b)	b)	b)
a)	a)	a)	a)	a)	a)
b)	b)	b)	b)	b)	b)

Schwedisch Stufen 1 – 14

a) Unterschrift; b) Datum

1	2	3	4	5
a)	a)	a)	a)	a)
b)	b)	b)	b)	b)

6	7	8	9	10
a)	a)	a)	a)	a)
b)	b)	b)	b)	b)

11	12	13	14
a)	a)	a)	a)
b)	b)	b)	b)

© Verlag an der Ruhr ▫ Postfach 10 22 51 ▫ 45422 Mülheim an der Ruhr ▫ www.verlagruhr.de ▫ ISBN 978-3-8346-0261-9

Mathematik, Englisch, Motorik

Name: _____   Geburtsdatum: _____

Mathematik Stufen 1–14

a) Unterschrift; b) Datum

1	2	3	4	5	6
a)	a)	a)	a)	a)	a)
b)	b)	b)	b)	b)	b)

7	8	9	10	11	12
a)	a)	a)	a)	a)	a)
b)	b)	b)	b)	b)	b)

13	14
a)	a)
b)	b)

Englisch Stufen 1–9

1	2	3
a)	a)	a)
b)	b)	b)

4	5	6
a)	a)	a)
b)	b)	b)

7	8	9
a)	a)	a)
b)	b)	b)

Motorik Stufen 1–4

1	2
a)	a)
b)	b)

3	4
a)	a)
b)	b)

© Verlag an der Ruhr ▪ Postfach 10 22 51 ▪ 45422 Mülheim an der Ruhr ▪ www.verlagruhr.de ▪ ISBN 978-3-8346-0261-9

Soziale Entwicklung, Schwedisch

Name: _____ Geburtsdatum: _____

Soziale Entwicklung Stufen 1 – 6

a) Unterschrift; b) Datum

1

a) _____ a) _____ a) _____
b) _____ b) _____ b) _____
a) _____ a) _____ a) _____
b) _____ b) _____ b) _____
a) _____ a) _____ a) _____
b) _____ b) _____ b) _____

2

a) _____ a) _____ a) _____
b) _____ b) _____ b) _____
a) _____ a) _____ a) _____
b) _____ b) _____ b) _____
a) _____ a) _____ a) _____
b) _____ b) _____ b) _____

3

a) _____ a) _____ a) _____
b) _____ b) _____ b) _____
a) _____ a) _____ a) _____
b) _____ b) _____ b) _____
a) _____ a) _____ a) _____
b) _____ b) _____ b) _____

4

a) _____ a) _____ a) _____
b) _____ b) _____ b) _____
a) _____ a) _____ a) _____
b) _____ b) _____ b) _____
a) _____ a) _____ a) _____
b) _____ b) _____ b) _____

5

a) _____ a) _____ a) _____
b) _____ b) _____ b) _____
a) _____ a) _____ a) _____
b) _____ b) _____ b) _____
a) _____ a) _____ a) _____
b) _____ b) _____ b) _____

6

a) _____ a) _____ a) _____
b) _____ b) _____ b) _____
a) _____ a) _____ a) _____
b) _____ b) _____ b) _____
a) _____ a) _____ a) _____
b) _____ b) _____ b) _____

Schwedisch Stufen 1 – 14

a) Unterschrift; b) Datum

sprechen 1 zuhören	sprechen 2	sprechen 3 zuhören	sprechen 4 zuhören	sprechen 5 zuhören
schreiben		schreiben	schreiben	lesen schreiben

a) _____ a) _____ a) _____ a) _____ a) _____

b) _____ b) _____ b) _____ b) _____ b) _____

sprechen 6 zuhören	sprechen 7 zuhören	sprechen 8 zuhören	sprechen 9 zuhören	sprechen 10 zuhören
lesen schreiben	lesen schreiben	lesen schreiben	lesen schreiben	lesen schreiben

a) _____ a) _____ a) _____ a) _____ a) _____

b) _____ b) _____ b) _____ b) _____ b) _____

sprechen 11 zuhören	sprechen 12	sprechen 13 zuhören	sprechen 14 zuhören
lesen schreiben	lesen schreiben	lesen schreiben	lesen schreiben

a) _____ a) _____ a) _____ a) _____

b) _____ b) _____ b) _____ b) _____

© Verlag an der Ruhr ▪ Postfach 10 22 51 ▪ 45422 Mülheim an der Ruhr ▪ www.verlagruhr.de ▪ ISBN 978-3-8346-0261-9

Mathematik, Englisch, Motorik

Name: _____ Geburtsdatum: _____

Mathematik Stufen 1 – 14

a) Unterschrift; b) Datum

❶ 1 ❷ ❸	❶ 2 ❷ ❸	❶ 3 ❷ ❸	❶ 4 ❷ ❸	❶ 5 ❷ ❸	❶ 6 ❷ ❸ ❹
a)	a)	a)	a)	a)	a)
b)	b)	b)	b)	b)	b)

❶ 7 ❷ ❸ ❹	❶ 8 ❷ ❸ ❹	❶ 9 ❷ ❸ ❹	❶ 10 ❷ ❸ ❹	❶ 11 ❷ ❸ ❹	❶ 12 ❷ ❸ ❹
a)	a)	a)	a)	a)	a)
b)	b)	b)	b)	b)	b)

❶ 13 ❷ ❸ ❹	❶ 14 ❷ ❸ ❹
a)	a)
b)	b)

❶ Begriffs-/Zahlenauffassung
❷ Rechenarten
❸ Anwendung
❹ Geometrische Formen und Maßeinheiten

Englisch Stufen 1–9

sprechen / verstehen / lesen 1	sprechen / verstehen / schreiben / lesen 2	sprechen / verstehen / schreiben / lesen 3
a)	a)	a)
b)	b)	b)

Motorik Stufen 1–4

Grobmotorik / Feinmotorik / Wahrnehmung 1	Grobmotorik / Feinmotorik / Wahrnehmung 2	sprechen / verstehen / schreiben / lesen 4	sprechen / verstehen / schreiben / lesen 5	sprechen / verstehen / schreiben / lesen 6
a)	a)	a)	a)	a)
b)	b)	b)	b)	b)

Grobmotorik / Feinmotorik / Wahrnehmung 3	Grobmotorik / Feinmotorik / Wahrnehmung 4	sprechen / verstehen / schreiben / lesen 7	sprechen / verstehen / schreiben / lesen 8	sprechen / verstehen / schreiben / lesen 9
a)	a)	a)	a)	a)
b)	b)	b)	b)	b)

© Verlag an der Ruhr ▫ Postfach 10 22 51 ▫ 45422 Mülheim an der Ruhr ▫ www.verlagruhr.de ▫ ISBN 978-3-8346-0261-9

Leitfaden Entwicklungsgespräch Kindergarten

Punkte, über die beim Entwicklungsgespräch gesprochen werden sollte:

1

Ist-Stand

Sprechen Sie über den Eindruck, den Sie als Pädagoge von der Situation des Kindes im Kindergarten haben, und lassen Sie auch das Kind zu Wort kommen, wenn es so alt ist, dass es am Gespräch teilnehmen kann. Zusammen mit den Beobachtungen der Eltern ergibt dies einen Ausgangspunkt für die kommende Arbeit.

Leitfragen:
- ◗ Fühlt sich das Kind wohl und sicher?
- ◗ Kameradschaft: Hat es Freunde?
- ◗ Soziale Entwicklung
- ◗ Wissensentwicklung
- ◗ Neugierde
- ◗ Teilnahme/Mitarbeit

2

Ausblick

Überlegen Sie, wie die weitere Entwicklung des Kindes unterstützt werden kann und was die beteiligten Erwachsenen dazu beitragen können. Die Stufenformulare können als Grundlage für das Gespräch verwendet werden.

Leitfragen:
- ◗ Braucht das Kind in einem Bereich besondere Unterstützung?
- ◗ Wie können sich alle daran beteiligen?

© Verlag an der Ruhr ▢ Postfach 10 22 51 ▢ 45422 Mülheim an der Ruhr ▢ www.verlagruhr.de ▢ ISBN 978-3-8346-0261-9

Kindergarten

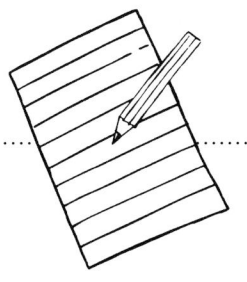

Name: _____

Datum: _____ Gruppe: _____

Ist-Stand

Fühlt das Kind sich wohl? Hat es Freunde? Wie ist die soziale Entwicklung
und die Wissensentwicklung des Kindes? Ist es neugierig?
Nimmt es am Geschehen teil?

_____

_____

_____

Ausblicke

So können wir das Wohlbefinden, die soziale Entwicklung,
die Neugierde und die Lernentwicklung des Kindes unterstützen.

Das Kind (eventuell): _____

_____

Der Kindergarten: _____

_____

Erziehungsberechtigte: _____

_____

_____   _____
Unterschrift Pädagoge   *Unterschrift Erziehungsberechtigte*

© Verlag an der Ruhr ▫ Postfach 10 22 51 ▫ 45422 Mülheim an der Ruhr ▫ www.verlagruhr.de ▫ ISBN 978-3-8346-0261-9

Leitfaden Entwicklungsgespräch Schule

Punkte, über die beim Entwicklungsgespräch gesprochen werden sollte:

〜〜〜〜〜〜〜〜〜〜〜〜〜〜〜〜〜〜〜 1 〜〜〜〜〜

Ist-Stand

Im Vordergrund steht das Selbstbild des Schülers von seiner Schulsituation, aber auch das Fremdbild von außen durch die Eltern und die Pädagogen ist wichtig.

Leitfragen:
- ➡ Fühlt sich der Schüler sicher und wohl in der Schule?
- ➡ Kameradschaft: Hat er Freunde?
- ➡ Soziale Entwicklung
- ➡ Wissensentwicklung
- ➡ Arbeitsweise
- ➡ Übernimmt der Schüler Verantwortung?
- ➡ Teilnahme/Mitarbeit

〜〜〜〜〜〜〜〜〜〜〜〜〜〜〜〜〜〜〜 2 〜〜〜〜〜

Neue Ziele

Die Ziele sollten sowohl kurz- als auch langfristig sein. Die Anzahl muss überschaubar bleiben (lieber weniger als zu viele), und die Ziele müssen erreichbar sein.

Wie können die Ziele erreicht werden?
- ➡ Arbeitsweise, Lernstil
- ➡ Material, Methoden
- ➡ Zeit und Routinen

Welche Art von Unterstützung wird benötigt, und wer übernimmt welche Aufgabe?
- ➡ Schüler
- ➡ Pädagoge
- ➡ Erziehungsberechtigte

〜〜〜〜〜〜〜〜〜〜〜〜〜〜〜〜〜〜〜 3 〜〜〜〜〜

Auswertung

- ➡ Wann und wie soll die Zielerfüllung dokumentiert und belegt werden?
- ➡ Wann und wie soll die Zielerfüllung ausgewertet werden?

Ausgehend vom Ergebnis des Entwicklungsgesprächs, wird der individuelle Entwicklungsplan formuliert, kopiert und an alle Beteiligten ausgehändigt.

© Verlag an der Ruhr ⊡ Postfach 10 22 51 ⊡ 45422 Mülheim an der Ruhr ⊡ www.verlagruhr.de ⊡ ISBN 978-3-8346-0261-9

Individueller Entwicklungsplan

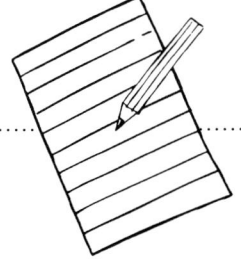

Schüler: _____

Datum: _____

Schule: _____

IEP-Nr.: _____

Klasse: _____

Darin bin ich gut: _____

_____

_____

Darin will/muss ich mich verbessern: _____

_____

_____

Meine Ziele kurzfristig: _____

Meine Ziele langfristig: _____

Das werden wir machen, damit die Ziele erfüllt werden können:

Schüler: _____

Schule: _____

Erziehungsberechtigte: _____

So soll die Auswertung erfolgen: _____

_____

_____ _____ _____
Unterschrift Schüler   *Unterschrift Pädagoge*   *Unterschrift Erziehungsberechtigte*

© Verlag an der Ruhr ▫ Postfach 10 22 51 ▫ 45422 Mülheim an der Ruhr ▫ **www.verlagruhr.de** ▫ ISBN 978-3-8346-0261-9

Themenformular 1

Thema/Arbeitsgebiet: _____

Name: _____ Zeitraum: _____

Damit/daran habe ich gearbeitet: _____

_____

_____

Am meisten habe ich gelernt über: _____

_____

_____

So habe ich gearbeitet: _____

_____

_____

Ich finde auch, dass …: _____

_____

_____

Kommentar des Lehrers: _____

_____

_____

© Verlag an der Ruhr ▫ Postfach 10 22 51 ▫ 45422 Mülheim an der Ruhr ▫ www.verlagruhr.de ▫ ISBN 978-3-8346-0261-9

Individuelle Entwicklungspläne

Themenformular 2

Thema/Arbeitsgebiet: _____

Name: _____ Zeitraum: _____

Bei diesem Thema werde ich Folgendes lernen ...

Ziele: _____

_____

Ich werde mein erworbenes Wissen wie folgt präsentieren: _____

_____

_____

Auswertung

So habe ich meine Arbeit ausgeführt: _____

_____

_____

Das habe ich gelernt: _____

_____

_____

Kommentar des Lehrers zur Zielerfüllung und zum Arbeitseinsatz:

_____

_____

© Verlag an der Ruhr ▢ Postfach 10 22 51 ▢ 45422 Mülheim an der Ruhr ▢ www.verlagruhr.de ▢ ISBN 978-3-8346-0261-9

Soziale Entwicklung

Stufe 1

Selbstbewusstsein

Hat Vertrauen und fühlt sich bei verschiedenen
Erwachsenen sicher.
Fühlt sich sicher im Umgang mit anderen
Kindern.
Nimmt Körperkontakt auf.
Kann seine Gefühle ausdrücken.

Empathie

Zeigt Mitgefühl mit anderen Kindern
in der Gruppe.

Verantwortung und Impulskontrolle

Akzeptiert ein Nein.
Folgt unseren Regeln.

Zusammenarbeit

Nimmt positiven Kontakt mit Gleichaltrigen auf.
Hat Augenkontakt.
Kann warten, bis es dran ist.
Zeigt Hilfsbereitschaft spontan.
Fängt an, Spielregeln zu verstehen,
und kann sie einhalten.

Stufe 2

Selbstbewusstsein

Ich wage, zu sagen, was ich denke.
Ich traue mich, zu berichten, wie ich mich fühle.

Empathie

Ich kümmere mich um die anderen Kinder.
Ich helfe anderen.

Verantwortung

Ich hänge meine Kleidung auf.
Ich helfe beim Saubermachen.
Ich gehe mit unseren Sachen vorsichtig um.
Ich folge unseren Regeln.

Zusammenarbeit

Ich kann zuhören, wenn andere sprechen.
Ich bin ein guter Kamerad.
Ich kann mich mit anderen über unsere
Sachen einigen.
Ich kann warten, bis ich dran bin.
Ich kann Spielregeln verstehen und
sie einhalten.

© Verlag an der Ruhr ▫ Postfach 10 22 51 ▫ 45422 Mülheim an der Ruhr ▫ www.verlagruhr.de ▫ ISBN 978-3-8346-0261-9

Soziale Entwicklung

© Verlag an der Ruhr ▫ Postfach 10 22 51 ▫ 45422 Mülheim an der Ruhr ▫ www.verlagruhr.de ▫ ISBN 978-3-8346-0261-9

3

Stufe 3

Selbstbewusstsein

Ich wage, meine Meinung zu etwas zu sagen.
Ich habe meine Gefühle unter Kontrolle.

Empathie

Ich kümmere mich um die anderen Kinder
und helfe ihnen.
Ich störe andere nicht bei der Arbeit.

Verantwortung

Ich arbeite selbstständig und mache immer
meine Arbeit so gut ich kann zu Ende.
Ich gehe mit meinen/unseren Sachen
verantwortlich um.
Ich folge unseren Regeln.
Ich bin ehrlich und stehe zu dem,
was ich gemacht habe.

Zusammenarbeit

Ich kann anderen zuhören, ohne sie
zu unterbrechen.
Ich bin ein guter Kamerad.
Ich kann warten, bis ich dran bin.
Ich kann Konflikte selbst oder
mit Hilfe von Erwachsenen lösen.

4

Stufe 4

Selbstbewusstsein

Ich wage, ich selbst zu sein.
Ich kann mit meinen Gefühlen umgehen.

Empathie

Ich bin hilfsbereit und nett zu anderen.
Ich zeige Verständnis dafür,
dass die Menschen verschieden sind.
Ich kränke und hänsele niemanden.

Verantwortung

Ich arbeite selbstständig und mache
immer meine Arbeit so gut ich kann zu Ende.
Ich gehe mit meinen/unseren Sachen
vorsichtig um und trage mit zur Ordnung bei.
Ich befolge unsere Regeln.

Zusammenarbeit

Ich kann anderen zuhören, ohne sie
zu unterbrechen.
Ich arbeite mit anderen zusammen.
Ich kann warten, bis ich dran bin.
Ich kann Konflikte mit Worten lösen.
Ich kann gefassten Beschlüssen folgen.
Ich verstehe Spielregeln und halte sie ein.

Soziale Entwicklung

Stufe 5

Selbstbewusstsein

Ich wage, ich selbst zu sein.
Ich erkenne meinen Anteil an einem Konflikt.
Ich höre zu, wenn andere eine andere
Meinung vortragen.

Empathie

Ich bin hilfsbereit und nett zu anderen.
Ich zeige dafür Verständnis, dass die
Menschen verschieden sind.
Ich kränke und hänsele niemanden.

Verantwortung

Ich übernehme die Verantwortung für
meine Aufgaben und sehe zu, dass ich sie
ordentlich mache.
Ich trage zu einem guten Klima und
Arbeitsruhe bei.
Ich folge unseren Regeln.

Zusammenarbeit

Ich höre anderen zu, ohne sie zu unterbrechen.
Ich kann mit anderen zusammenarbeiten.
Ich nehme an Diskussionen aktiv teil
und bin an der Beschlussfassung dabei.
Ich löse Konflikte mit Worten.
Ich folge den gefassten Beschlüssen.

Stufe 6

Selbstbewusstsein

Ich stehe zu meiner Meinung und kann
von meinem Standpunkt aus eine Diskussion
führen.
Ich kenne meine Stärken und das, was ich
noch bei mir selbst entwickeln sollte.

Empathie

Ich respektiere, dass alle Menschen
gleich viel wert sind.
Ich bin respektvoll und rücksichtsvoll.

Verantwortung

Ich folge unseren Regeln.
Ich übernehme Verantwortung
für mein Entwicklungsgespräch.
Ich übernehme Verantwortung
für mein Lernen.
Ich übernehme Verantwortung für
meine Handlungen.

Zusammenarbeit

Ich kann kameradschaftliche Beziehungen
zu anderen aufnehmen und diese auch
aufrechterhalten.
Ich richte mich nach demokratisch
gefassten Beschlüssen.
Ich kann meinen Anteil in einem Konflikt
sehen und dabei helfen, ihn zu lösen.
Ich arbeite mit anderen Schülern und
Erwachsenen zusammen.

© Verlag an der Ruhr ▣ Postfach 10 22 51 ▣ 45422 Mülheim an der Ruhr ▣ www.verlagruhr.de ▣ ISBN 978-3-8346-0261-9

Schwedisch

© Verlag an der Ruhr ▫ Postfach 10 22 51 ▫ 45422 Mülheim an der Ruhr ▫ www.verlagruhr.de ▫ ISBN 978-3-8346-0261-9

Stufe 1

Sprechen
Macht sich mit Körpersprache verständlich. Spricht einzelne Wörter. Spielt mit Lauten. Zeigt deutliche Vokalwechsel. Kann zwei bis drei Wörter sprechen. Ahmt Wörter nach.

Zuhören
Versteht den Zusammenhang zwischen Wörtern und den zugehörigen Gegenständen.

Schreiben
Verwendet Stift, Kreide und Papier.

Stufe 2

Sprechen
Macht sich mit Wörtern verständlich. Spricht Zweiwortsätze. Verbindet bekannte Gegenstände mit Namen.

Stufe 3

Sprechen
Beginnt, Grammatik anzuwenden. Verwendet bejahende und verneinende Sätze. Spricht direkt zu anderen, erwartet aber keine Antwort.

Zuhören
Versteht eine einfache Aufforderung und kann diese ausführen. Zeigt Interesse an Reimen und Versen.

Schreiben
Malt Bilder mit geschlossenen Formen.

Stufe 4

Sprechen
Kann Gefühle in Worten ausdrücken. Verwendet die Sprache beim Spielen. Spricht Nonsensreime und Wortspiele.

Zuhören
Kann in einer Gruppe beim vorlesen zuhören. Versteht einfache Instruktionen und kann sie ausführen.

Schreiben
Wendet Als-ob-Schreiben an. Kopiert waagerechte und senkrechte Striche.

Stufe 5

Sprechen
Kann in einer Gruppe sprechen. Unterscheidet Fantasie und Wirklichkeit. Verwendet die Sprache, um Vergangenheit, Gegenwart und Zukunft auszu-

drücken. Kann einfache Dialoge führen. Kann alle einzelnen Sprachlaute und Zusammensetzungen aussprechen.

Zuhören
Hört zu, wenn andere sprechen. Versteht eine Instruktion mit mehreren Schritten und kann diese ausführen.

Lesen
Versteht, dass ein Text etwas bedeutet.

Schreiben
Schreibt den eigenen Namen.

Stufe 6

Sprechen
Äußert sich zu bestimmten Themen.

Zuhören
Hört zu, wenn andere etwas berichten, und versteht, worüber sie sprechen.
Versteht Instruktionen und führt sie aus. Versteht Reime, Silben und zusammengesetzte Wörter.

Lesen
Weiß, dass man von links nach rechts liest. Weiß, dass ein Satz aus mehreren Wörtern besteht. Kann Anfangs- und Endlaute bzw. -buchstaben in Wörtern benennen. Erkennt einzelne Wortbilder.

Zielübersicht
Schwedisch

7

Unterscheidet Buchstaben und Zahlen. Kann die meisten Buchstaben lesen.

Schreiben

Schreibt seinen Namen in richtiger Schreibrichtung. Interessiert sich für Buchstaben.

Stufe 7

Sprechen

Berichtet den anderen Kindern von seinen Erlebnissen. Verwendet die korrekten Flexionsformen.

Zuhören

Hört bei Geschichten und anderen Erzählungen ohne Bilder zu. Erfasst Instruktionen in der Gruppe. Kann der Erarbeitung eines Themas folgen.

Lesen

Sieht einen Zusammenhang zwischen Lauten und Buchstaben. Liest einfache Wörter und Wortbilder. Liest einfache, lautähnliche Texte und versteht den Inhalt.

Schreiben

Kann das Alphabet und kann die Buchstaben richtig formen. Kann einen Text abschreiben und den Schreiblinien folgen. Kann einfache Wörter lautgetreu schreiben.

Stufe 8

Sprechen

Kann einen Dialog führen. Kann Märchen oder andere Erzählungen nacherzählen.

Zuhören

Kann den Erzählungen eines anderen Kindes in kleinen und großen Gruppen folgen.

Lesen

Kann Texte lesen, die lautstrittige Wörter und einen doppelten Konsonanten enthalten. Liest einfache literarische Texte fließend und sinnentnehmend. Liest einfache Sachtexte. Kann laut lesen und gleichzeitig hören, ob das Gelesene richtig klingt.

Schreiben

Kennt die alphabetische Ordnung. Schreibt lautgetreue Wörter und häufig vorkommende lautstrittige Wörter mit kleinen Buchstaben. *Schreibt einfache Sätze.*

Stufe 9

Sprechen

Stellt reflektierende Fragen. Bleibt beim Thema.

Zuhören

Nimmt Information entgegen. Nimmt Instruktionen mit mehreren Schritten entgegen und führt sie aus.

Lesen

Liest und versteht einfache Kinderbücher. Kann laut vor einer Gruppe lesen. Kann eine kurze Arbeitsanleitung lesen und verstehen.

Schreiben

Hat eine lesbare Handschrift. Kann die Buchstaben in Schreibschrift schreiben. Schreibt einfache und verständliche Texte.

Stufe 10

Sprechen

Kann etwas deutlich erklären und eine Anweisung geben. Kann etwas vor der Gruppe berichten.

Zuhören

Kann eine Mitteilung entgegennehmen und sie weiterleiten.

Lesen

Liest mit gutem Verständnis. Liest Sachbücher. Kann eingeblendete Schrift im Fernsehen mitlesen.

Schreiben

Kennt die Reihenfolge des Alphabets. *Schreibt Erzähltexte.* Schreibt Briefe.

Stufe 11

Sprechen

Kann eine Meinung äußern. Nimmt aktiv an Diskussionen und Gesprächen teil.

© Verlag an der Ruhr ▫ Postfach 10 22 51 ▫ 45422 Mülheim an der Ruhr ▫ www.verlagruhr.de ▫ ISBN 978-3-8346-0261-9

Individuelle Entwicklungspläne

Stufe 14

Sprechen
Passt die Sprache dem Zweck und dem Empfänger an. Präsentiert eine Arbeit für Gleichaltrige so, dass sie den Inhalt verstehen. Nimmt aktiv an Gesprächen und Diskussionen teil, respektiert die Ansichten anderer und begegnet diesen.

Zuhören
Hört im Gespräch und bei Diskussionen aktiv zu, um die Meinung anderer Menschen zu verstehen.

Lesen
Liest dem Alter entsprechende literarische Texte. Analysiert Texte. Kennt Autoren aus verschiedenen Zeitepochen, die die Menschen durch ihr Werk beeinflusst haben. Liest, versteht und diskutiert verschiedene Arten von Artikeln der Tagespresse. Liest und verwendet Fachtexte bei der täglichen Arbeit.

Schreiben
Schreibt im Stil literarischer Texte und Fachaufsätze.

Schreiben
Erfasst den Unterschied zwischen gesprochener und geschriebener Sprache. Kann mit einem Textverarbeitungsprogramm auf dem Rechner schreiben. Schreibt erzählende Texte.

Stufe 13

Sprechen
Kann jüngeren Kindern etwas erklären, sodass sie es verstehen. Argumentiert und stellt Fragen, die zum Gesprächsthema gehören.

Zuhören
Kann sich an Informationen erinnern und verwendet sie bei Bedarf.

Lesen
Liest Texte verschiedener Genres zur Unterhaltung, und um Informationen zu entnehmen. Analysiert Texte. Deutet und bewertet das Gelesene.

Schreiben
Kann eine Gliederung für verschiedene Texte erstellen. *Schreibt verschiedene Textarten.*

Zuhören
Hört aktiv zu, um Information und Wissen zu erhalten. Versteht die Argumente anderer in einer Diskussion.

Lesen
Liest und versteht die Artikel in einer Tageszeitung. Liest literarische Texte aus verschiedenen Zeitepochen, Ländern und Schauplätzen. Verwendet Wörterbücher und Nachschlagewerke. Sucht Fakten aus verschiedenen Quellen.

Schreiben
Kann Texte gliedern. Verwendet grundlegende Schreibregeln. Schreibt meistens richtig, vor allem die häufig vorkommenden Wörter. *Kann einen Sachtext schreiben.*

Stufe 12

Sprechen
Kann über einen literarischen Text oder einen Film sprechen.

Lesen
Passt die Lesart und Lesegeschwindigkeit dem Text und dem Zweck des Lesens an. Kann zwischen verschiedenen Quellen wählen. Analysiert Texte.

© Verlag an der Ruhr ▣ Postfach 10 22 51 ▣ 45422 Mülheim an der Ruhr ▣ www.verlagruhr.de ▣ ISBN 978-3-8346-0261-9

Mathematik

Stufe 1

Begriffs- und Zahlen-auffassung

Versteht die Zahlbegriffe: *alles, nichts*. Versteht den Zahlbegriff: *eins*. Versteht den Zahlbegriff: *zwei*. Kann zwei in einer Menge erkennen. Sortiert nach Überein-stimmungen/Ähnlichkeiten. Versteht die Begriffe: *groß* und *klein*.

Rechenarten

Zählt bis zwei.

Anwendung

Spielt Bauspiele mit Bauklötzen. Kann eine Anzahl von Gegen-ständen zuteilen: *eins/zwei*. Legt Puzzle.

Stufe 2

Begriffs- und Zahlen-auffassung

Versteht die Begriffe: *viele, einige*.
Kann Übereinstimmungen/ Ähnlichkeiten bezüglich der Größe erkennen.
Kann Übereinstimmungen/ Ähnlichkeiten bezüglich der Länge erkennen.
Versteht den Zahlbegriff: *drei*.

Rechenarten

Zählt bis fünf.

Anwendung

Legt einfache Puzzles.
Kann Zwei-zu-eins-Zuord-nungen vornehmen.

Stufe 3

Begriffs- und Zahlen-auffassung

Kennt die Lagewörter: *unter, über, in, auf, neben, hinter, vor*. Kennt die Zahlbezeichnungen für die Zahlen 0–10. Versteht die Begriffe: *hoch, flach, lang, kurz, schwer, leicht*. Kann mit Hilfe der Finger Mengen abzählen.

Rechenarten

Kann die Zahlwortreihe bis 10 aufsagen.

Anwendung

Legt Puzzles > 16 Teilen. Spielt Konstruktions- und Bauspiele. Kann einfache Formen und Gebäude aus Körpern nach-bauen. Interessiert sich für Märchen, Reime und Lieder.

Stufe 4

Begriffs- und Zahlen-auffassung

Sortiert Gegenstände nach übereinstimmenden Merkmalen. Hat eine Mengenauffassung von 0–10. Kann Mengen von 0–10 die Ziffernschreibweise zuordnen. Kennt den Begriff: *halb/Hälfte*.

Rechenarten

Kann die Zahlwortreihe bis 10 vor- und rückwärts aufsagen.

Anwendung

Spielt Spiele mit Würfeln. Erfindet Aufgaben.

Stufe 5

Begriffs- und Zahlen-auffassung

Kann Relationen beschreiben:
- *groß, größer, am größten, gleich groß*
- *wenig, weniger, am wenigs-ten, gleich wenig*
- *lang, länger, am längsten, gleich lang*
- *schwer, schwerer, am schwersten, gleich schwer*
- *kurz, kürzer, am kürzesten, gleich kurz*
- *leicht, leichter, am leichtesten, gleich leicht*
- *niedrig, niedriger, am niedrigsten, gleich niedrig*

© Verlag an der Ruhr ⊡ Postfach 10 22 51 ⊡ 45422 Mülheim an der Ruhr ⊡ www.verlagruhr.de ⊡ ISBN 978-3-8346-0261-9

© Verlag an der Ruhr ▫ Postfach 10 22 51 ▫ 45422 Mülheim an der Ruhr ▫ www.verlagruhr.de ▫ ISBN 978-3-8346-0261-9

- *hoch, höher, am höchsten, gleich hoch*

Kann Anzahlen von 11–20 erfassen und der Ziffernschreibweise zuordnen. Kennt die Begriffe: *Hälfte* und *das Doppelte.*

Rechenarten

Kann die Zahlwortreihe bis 20 vorwärts und rückwärts aufsagen.

Anwendung

Erfindet Aufgaben.

Stufe 6

Begriffs- und Zahlenauffassung

Kennt die Begriffe: *mehr als, meist, gleich viele.*
Kennt die Begriffe: *gestern, morgen, vorgestern, übermorgen.*
Kann die Namen der Wochentage nennen.
Kann die Einteilung eines Tages in *Morgen, Mittag, Nachmittag, Abend, Nacht* vornehmen.
Versteht und kann die Zeichen > und < anwenden.
Versteht und kann die Zeichen + und – anwenden. Versteht und kann das Zeichen = anwenden.

Rechenarten

Kennt Additionstabellen bis 10 und kann sie ausfüllen.
Kennt Subtraktionstabellen bis 10 und kann sie ausfüllen.

Geometrische Formen und Maßeinheiten

Erkennt und legt einfache Muster.

Anwendung

Erfindet eigene Aufgaben.

Stufe 7

Begriffs- und Zahlenauffassung

Zahlauffassung: kennt die Zahlen bis 100.
Kann Zahlen bis 20 nach gerade und ungerade sortieren.
Erkennt Münzen und Scheine und kann sie benennen.

Rechenarten

Kann die Zahlwortreihe bis 100 aufsagen und aufschreiben.
Kann in Zehnerschritten vorwärts zählen.
Kann in einem Anschauungsmittel wie der Hundertertafel Zahlen auffinden und eintragen.
Kann Additionstabellen und Subtraktionstabellen bis 20 ausfüllen.
Kann halbieren und verdoppeln im Zahlenraum bis 20.

Geometrische Formen und Maßeinheiten

Kennt die Begriffe: *Stunde, Minute, Sekunde.*
Weiß, dass gilt: 1 Woche = 7 Tage.

Kann halbe und volle Stunden auf einer analogen Uhr ablesen, einzeichnen und einstellen.

Anwendung

Erfindet eigene Aufgaben.

Stufe 8

Begriffs- und Zahlenauffassung.

Kann die Ordnungszahlen bis 10 nennen. Kann die Monatsnamen aufsagen.

Rechenarten

Kennt den Zahlenraum bis 200.
Kann im Zahlenraum bis 200 Nachbarzahlen und Nachbarzehner nennen.
Kann bis 100 ohne Zehnerüberschreitung addieren.

Geometrische Formen und Maßeinheiten

Weiß, dass ein Jahr aus zwölf Monaten besteht.
Kann auf einer analogen Uhr Viertelstunden ablesen, einzeichnen und einstellen.
Zeitberechnung: weiß, dass ein Tag 24 Stunden hat; kann mit ganzen Stunden rechnen.
Misst und schätzt *m, cm.*

Anwendung

Erfindet eigene Aufgaben.
Kann einen Kalender lesen.

Mathematik

Stufe 9

**Begriffs- und Zahlen-
auffassung**

Kann die Ordnungszahlen
bis 20 nennen.
Versteht und verwendet das
Gleichheitszeichen in mehreren
Schritten, z.B. $2 \cdot 3 = 3 + 3 = 6$.

Rechenarten

Kann Additions- und Subtraktionsaufgaben bis 100 mit
Zehnerüberschreitung lösen.
Kann Multiplikationsaufgaben
für die Zahlen 1, 2, 5 und 10
ausrechnen.

**Geometrische Formen
und Maßeinheiten**

Kann Muster fortsetzen.
Kann Uhrzeiten auf einer analogen Uhr lesen, einzeichnen und
einstellen. Misst, schätzt und
wiegt *1 Liter* und *1 Kilogramm*.

Anwendung

Kann eigene Aufgaben erfinden
und die anderer lösen.

Stufe 10

**Begriffs- und Zahlen-
auffassung**

Zahlenauffassung:
kennt die Zahlen bis 1000.
Kann im Zahlenraum bis

1000 auf- und abrunden
zum nächsten Zehner.

Rechenarten

Zählt bis 1000. Kann sich in
Anschauungsmitteln wie der
Hundertertafel oder der Tausen-
dertafel orientieren. Kann Addi-
tions- und Subtraktionsaufgaben
bis 200 mit Zehnerüberschreitung lösen. Kann die Multiplikationsaufgaben mit 3 und 4 ausrechnen.

**Geometrische Formen
und Maßeinheiten**

Kennt den Begriff: *Umfang*.
Berechnet den Umfang. Misst,
rechnet und schätzt *dm, dl*.

Anwendung

*Erstellt ein einfaches Säulen-
diagramm.*
Liest einfache Tabellen ab.
Kann einem einfachen Zahlen-
strahl Informationen entnehmen. Liest das Thermometer
ab. Kann Geld wechseln bis
100.

Stufe 11

**Begriffs- und Zahlen-
auffassung**

Kennt die Begriffe: *Addition,
addieren, Subtraktion,
subtrahieren*. Kann auf glatte
Hunderter aufrunden.

Rechenarten

Beherrscht die Hauptrechen-
strategien bei Addition und
Subtraktion.

**Geometrische Formen
und Maßeinheiten**

Kennt folgende Zuordnungen:
- *1 Jahr = 365/366 Tage.*
- *1 Jahr = 52 Wochen.*
- *Tag und Nacht = 24 Stunden.*
Kennt die Begriffe: *km, Meile.*
Wiegt und schätzt Gramm.
Kann die Umwandlung von
m, dm, cm.

Anwendung

Kann mehrere Rechenwege
bei derselben Aufgabe
anwenden.

Stufe 12

**Begriffs- und Zahlen-
auffassung**

Zahlenauffassung: Kennt die
Zahlen bis 10000.
Kennt die Begriffe: *Division,
dividieren, Multiplikation,
multiplizieren*. Kann auf- und
abrunden auf 10000.

Rechenarten

Kann Additions- und Subtraktionsaufgaben im Zahlenraum
bis 10000 lösen.
Kann das kleine Einmaleins.
Beherrscht die Division
als Umkehrung der Multi-
plikation.

© Verlag an der Ruhr ▣ Postfach 10 22 51 ▣ 45422 Mülheim an der Ruhr ▣ www.verlagruhr.de ▣ ISBN 978-3-8346-0261-9

© Verlag an der Ruhr ▫ Postfach 10 22 51 ▫ 45422 Mülheim an der Ruhr ▫ www.verlagruhr.de ▫ ISBN 978-3-8346-0261-9

Geometrische Formen und Maßeinheiten

Digitale Uhr: kann volle und halbe Stunden in der digitalen Schreibweise angeben.
Zeitberechnung: kann in halbstündlichen Schritten Zeiträume berechnen.
Zeitberechnung: kann in Monatsschritten Zeiträume berechnen.
Schätzt und rechnet in der Maßeinheit *Tonne (t)*.
Wandelt um: *l (Liter), dl*.

Anwendung

Kann Problemlösungen in komplexen Aufgabenstellungen finden.

Stufe 13

Begriffs- und Zahlenauffassung

Kennt die Begriffe: *Term, Summe und Differenz.*

Rechenarten

Kann bis 100 000 zählen.

Geometrische Formen und Maßeinheiten

Kann die Begriffe: *1 Jahr = 4 Quartale, 1 Quartal = 3 Monate.*
Digitale Uhr: kann Viertelstunden in der digitalen Schreibweise angeben.
Zeitberechnung: kann Zeiträume in Viertelstunden berechnen.

Kann Zeiträume in Jahren berechnen.
Kann in der Maßeinheit *Millimeter (mm)* messen, schätzen und rechnen.
Skala: kann geometrische Figuren vergrößern (2:1) und verkleinern (1:2), verwendet dabei ganze cm.

Anwendung

Beherrscht verschiedene Aufgabenstellungen aus dieser Stufe sicher.

Stufe 14

Begriffs- und Zahlenauffassung

Kennt die Begriffe: *Faktor, Zähler, Nenner und Quotient.*
Kann Zahlen mit Kommastellen zu ganzen Zahlen auf- und abrunden.
Kennt die Begriffe: *Jahrzehnt und Jahrhundert.*

Rechenarten

Kann Additions- und Subtraktionaufgaben mit Dezimalstellen lösen.
Kann Multiplikationsaufgaben mit den Faktoren 10, 100 und 1 000 lösen.
Kann Divisionsaufgaben mit den Divisoren 10, 100 und 1 000 lösen.

Geometrische Formen und Maßeinheiten

Erkennt, zeichnet und benennt: *Linie, Strecke, spitzer, stumpfer und rechter Winkel.*

Kann Winkel messen.
Kann den Umfang eines Dreiecks und die Winkelsumme berechnen.
Kann die Fläche von Rechtecken berechnen.

Anwendung

Kann den Mittelwert zweier Zahlen angeben.
Kann Tabellen ablesen.

Englisch

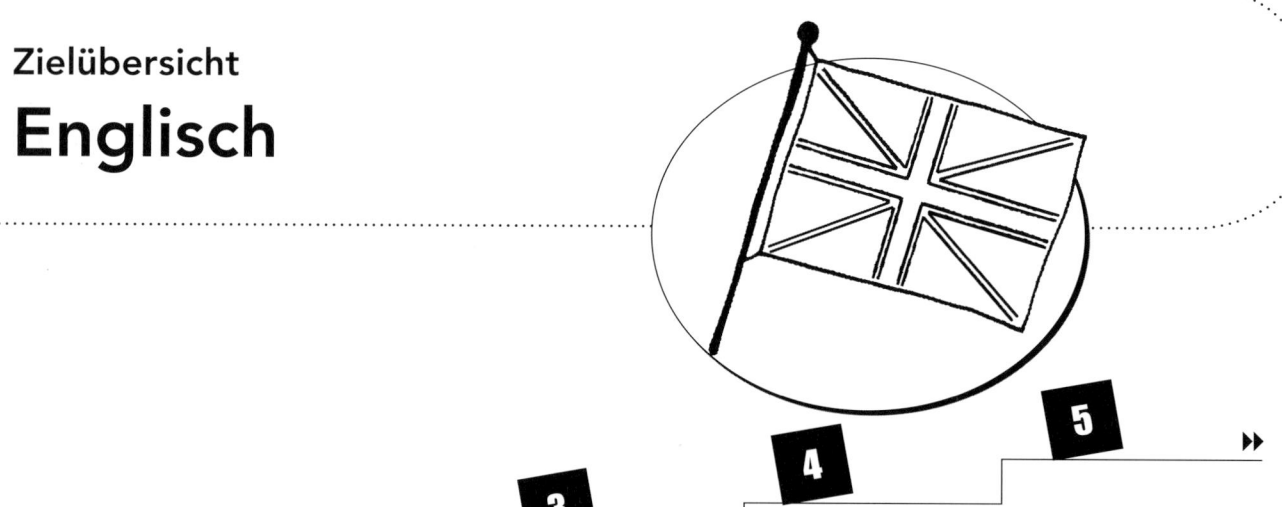

Stufe 1

Sprechen
Kann Reime und Lieder nachahmen. Kann einfache Wörter und Phrasen sagen. Kann bis 20 zählen. Kann grüßen, seinen Namen sagen und über sich selbst berichten.

Hörverständnis
Versteht einfache Reime und Dialoge. Versteht einfache Erzählungen. Kann einfache Aufforderungen verstehen und ausführen.

Lesen
Liest einfache Wörter und Phrasen.

Stufe 2

Sprechen
Kann Wochentage, Monate und Jahreszeiten benennen. Kann einige Körperteile benennen. Kann über seine Familie berichten. Kann zu einem Bild erzählen. Kann einen einfachen Dialog vorspielen.

Hörverständnis
Versteht kurze Dialoge. Versteht einfache Liedtexte. Versteht Instruktionen. Kann einer Erzählung zuhören und versteht ihren Inhalt.

Lesen
Kann kurze Sätze lesen. Kann kurze, einfache Texte mit Bildern lesen.

Schreiben
Kann einfache Wörter schreiben.

Stufe 3

Sprechen
Kann einen einfachen Text vortragen. Kann über einen Tag berichten. Kann über seine Interessen berichten. Kann eine Person, ein Tier oder eine Sache beschreiben.

Hörverständnis
Versteht die gesprochene Sprache in bekannten Alltagssituationen. Versteht den Inhalt einer Kindersendung. Versteht eine einfache Erzählung.

Lesen
Liest einfache Texte, die für Kinder geschrieben sind. Kann kurze Mitteilungen lesen. Liest und versteht einfache Instruktionen.

Schreiben
Kann kurze Mitteilungen schreiben. *Kann einige Sätze über sich selbst schreiben.* Kann eine Postkarte schreiben.

Stufe 4

Sprechen
Kann über etwas selbst Gesehenes, Gelesenes oder Gehörtes berichten. Kann in bekannten Alltagssituationen an einfachen Gesprächen teilnehmen. Kann bis hundert zählen und rechnen. Kennt die Uhr und verschiedene Zeitbegriffe. Kann über ein Ereignis sprechen.

Hörverständnis
Versteht die Information von verschiedenen Englisch sprechenden Personen.

Lesen
Kann einen einfachen Sachtext lesen. Liest einfache literarische Texte.

Schreiben
Kann einen kurzen Brief schreiben. Kann einen kurzen Sachtext schreiben.

Stufe 5

Sprechen
Kann ein Buch, einen längeren Text, einen Film, ein Theater-

© Verlag an der Ruhr ▣ Postfach 10 22 51 ▣ 45422 Mülheim an der Ruhr ▣ www.verlagruhr.de ▣ ISBN 978-3-8346-0261-9

stück oder Ähnliches nacherzählen. Kann verschiedene
Eigenschaften bei einer Person,
einem Tier oder einer Sache
vergleichen. Kennt die Ordnungszahlen. Kann mit anderen
Informationen austauschen.

Hörverständnis
Versteht, wenn jemand Englisch
spricht.

Lesen
Kann einen längeren Text lesen.

Schreiben
Kann über ein Buch oder einen
längeren Text schreiben.
*Kann über eigene Erlebnisse
schreiben.*

Landeskunde
Weiß etwas über das Alltags-
leben in den englischspra-
chigen Ländern.

Stufe 6

Sprechen
Kennt das Alphabet.
Kann Wünsche und Ansichten
äußern. Kann über ein Ereignis
sprechen.

Hörverständnis
Kann bei Erzählungen und
Beschreibungen zuhören
und sie verstehen.

Lesen
Liest Texte verschiedener
Genres.

Schreiben
*Kann einen Erzähltext schrei-
ben. Kann einen Sachtext
schreiben.*

Stufe 7

Sprechen
Nimmt aktiv an Gesprächen teil
und kann Fragen stellen und
beantworten. Kann Gefühle
ausdrücken.

Hörverständnis
Versteht längere Texte und
Dialoge.

Lesen
*Liest und versteht den Inhalt
von Texten verschiedener
Genres.* Kann verschiedene
Hilfsmittel beim Lesen und Ver-
stehen wählen und anwenden.

Schreiben
Schreibt Erzähltexte.

Landeskunde
Weiß etwas über das Alltags-
leben englischsprachiger
Länder und Menschen.

Stufe 8

Sprechen
Kann über etwas Gehörtes,
Gelesenes oder Gesehenes
berichten. Kann im Gespräch
seine Meinung sagen und ver-
treten. Kann eine Instruktion
erteilen. Kann Informationen
einholen.

Hörverständnis
Erkennt deutlich gesprochene
Sprache in verschiedenen
Zusammenhängen ohne Vor-
bereitung. Kann eine Instruktion
verstehen.

Lesen
Kann literarische Texte und
andere erzählende und be-
schreibende Texte lesen und
verstehen.

Schreiben
Schreibt Erzähltexte.
Schreibt Texte verschiedener
Genres. Kann schriftlich Infor-
mationen einholen.

Stufe 9

Sprechen
Kann eine Ansicht äußern und
bei interessanten Fragen argu-
mentieren. Kann Träume, Wünsche und Visionen ausdrücken.
Kann die Sprache in verschiedenen Situationen benutzen.
Kann einen Vortrag über ein
Thema halten.

Hörverständnis
Versteht deutliche Sprache,
auch regional gefärbte, in verschiedenen Zusammenhängen.

Lesen
Kann argumentative Texte
lesen und verstehen.

Schreiben
*Kann einen argumentierenden
Text schreiben.*

© Verlag an der Ruhr ▢ Postfach 10 22 51 ▢ 45422 Mülheim an der Ruhr ▢ www.verlagruhr.de ▢ ISBN 978-3-8346-0261-9

Zielübersicht
Motorik

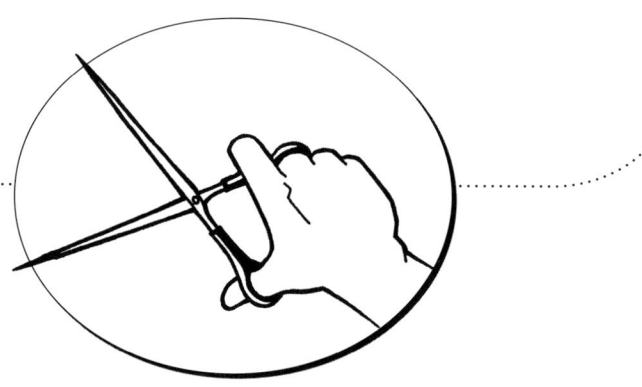

Stufe 1

Grobmotorik
Kriecht. Kann sich in die Hocke setzen und wieder aufrichten. Kann einen Ball mit dem Fuß kicken.
Hüpft auf beiden Beinen, wenn es an den Händen gehalten wird.
Geht im Wechselschritt die Treppe hoch.
Kann sich beim Fallen aufstützen.

Feinmotorik
Greift mit Pinzettengriff. Rollt einen großen Ball, ohne ein bestimmtes Ziel zu haben.
Baut einen Turm aus fünf Bauklötzen.
Pustet.

Wahrnehmung
Klatscht in die Hände. Zeigt mit dem Zeigefinger.
Ahmt einige Bewegungen nach.
Klettert auf einen Stuhl und wieder herunter.
Kann Gegenstände in Büchern erkennen und zeigen.
Kennt zehn verschiedene Körperteile.
Befolgt Aufforderungen.
Hört zu.

Stufe 2

Grobmotorik
Fährt draußen Dreirad. Schlängelt sich auf dem Fußboden.
Kann selbst schaukeln und beschleunigen.
Rollt beim Gehen die Füße ab.
Kann auf beiden Beinen hüpfen.
Kann auf einer breiten Linie balancieren.
Kann sich drehen.

Feinmotorik
Kann in ein Glas eingießen.
Kann einen Turm aus acht Bauklötzen bauen.
Kann einen großen Ball fangen.

Wahrnehmung
Kann verschiedene Sachen unterscheiden, ohne sie zu sehen.
Kann Seiten einzeln in der richtigen Reihenfolge in einem Buch umblättern.
Kennt den Unterschied zwischen warm und kalt.
Kann zwanzig verschiedene Körperteile benennen.
Weiß, ob es Mädchen oder Junge ist.
Kann die Farben rot, gelb, grün, blau, schwarz und rot unterscheiden.

© Verlag an der Ruhr ▣ Postfach 10 22 51 ▣ 45422 Mülheim an der Ruhr ▣ www.verlagruhr.de ▣ ISBN 978-3-8346-0261-9

Individuelle Entwicklungspläne

© Verlag an der Ruhr ▪ Postfach 10 22 51 ▪ 45422 Mülheim an der Ruhr ▪ www.verlagruhr.de ▪ ISBN 978-3-8346-0261-9

Stufe 4

Grobmotorik

Kann 10 Sekunden lang auf einem Bein stehen.
Kann 15 Mal auf der Stelle hüpfen.
Kann auf den Zehen, Fersen und Fußkanten gehen.

Feinmotorik

Kann mit Messer und Gabel essen.
Kann den Daumen gegen die Fingerspitzen setzen.
Kann einen Ball gegen die Wand werfen und ihn dann wieder auffangen.
Kann allein zur Toilette gehen.
Kann Zickzack, Kreise, Wellen und Linien schneiden.
Kann sich die Schuhe zubinden.
Kann sich allein an- und ausziehen.

Wahrnehmung

Kann ohne zu sehen, Formen unterscheiden.
Kann ein Spiel zu Ende spielen.
Kann die Mitte des Raumes zeigen.
Kann mindestens sechs Farbnuancen benennen.
Kann eine kurze Geschichte wiedererzählen, kurz nachdem sie gehört wurde.
Kann sich überlappende Formen erkennen.

Stufe 3

Grobmotorik

Hüpft weit. Läuft mit weichen Bewegungen.
Kann auf einem Bein stehen. Kann auf einem Bein vorwärts hüpfen.
Kann wie ein Erwachsener aus der Rückenlage aufstehen.

Feinmotorik

Die Bewegungen im Handgelenk und in den Fingern werden allmählich weicher.
Kann einen großen Ball fangen.
Kann einen kleinen Ball fangen.
Kann sich selbst anziehen.
Kann entlang einer geraden Linie schneiden.

Wahrnehmung

Kann mit geschlossenen Augen fühlen, wo es am Körper berührt wird.
Kann unter einem Hindernis hindurch kriechen, ohne sich zu stoßen. Kann verschiedene Gewichte unterscheiden (leicht/schwer).
Kann Bewegungen nachahmen.
Kann sich ausstrecken und zusammenkauern.

Stufe 1

Name: _____

Geburtsdatum: _____

	☺	😐	☹	**Pädagoge**	**IEP/Portfolio**
Selbstbewusstsein Hat Vertrauen und fühlt sich bei verschiedenen Erwachsenen sicher. Fühlt sich sicher im Umgang mit anderen Kindern. Nimmt Körperkontakt auf. Kann seine Gefühle ausdrücken.					
Empathie Zeigt Mitgefühl mit den anderen Kindern in der Gruppe.					
Verantwortung und Impulskontrolle Akzeptiert ein Nein. Folgt unseren Regeln.					
Zusammenarbeit Nimmt positiven Kontakt mit Gleichaltrigen auf. Hat Augenkontakt. Kann warten, bis es dran ist. Zeigt Hilfsbereitschaft spontan. Fängt an, Spielregeln zu verstehen, und kann sie einhalten.					

☺ = meistens, 😐 = manchmal, ☹ = selten

_____ _____
Unterschrift Pädagoge *Datum*

© Verlag an der Ruhr ▫ Postfach 10 22 51 ▫ 45422 Mülheim an der Ruhr ▫ www.verlagruhr.de ▫ ISBN 978-3-8346-0261-9

Name: _____

Geburtsdatum: _____

	☺	😐	☹	**Pädagoge**	**IEP/Portfolio**
Selbstbewusstsein Ich wage, zu sagen, was ich denke. Ich traue mich, zu berichten, wie ich mich fühle.					
Empathie Ich kümmere mich um die anderen Kinder. Ich helfe anderen.					
Verantwortung Ich hänge meine Kleidung auf. Ich helfe beim Saubermachen. Ich gehe mit unseren Sachen vorsichtig um. Ich folge unseren Regeln.					
Zusammenarbeit Ich kann zuhören, wenn andere sprechen. Ich bin ein guter Kamerad. Ich kann mich mit anderen über unsere Sachen einigen. Ich kann warten, bis ich dran bin. Ich kann Spielregeln verstehen und sie einhalten.					

☺ = meistens, 😐 = manchmal, ☹ = selten

_____   _____
Unterschrift Pädagoge   *Datum*

© Verlag an der Ruhr ▫ Postfach 10 22 51 ▫ 45422 Mülheim an der Ruhr ▫ www.verlagruhr.de ▫ ISBN 978-3-8346-0261-9

Stufe 3

Name: _____

Schuljahr: _____

	Schüler	Pädagoge	IEP/Portfolio
Selbstbewusstsein Ich wage, meine Meinung zu etwas zu sagen. Ich habe meine Gefühle unter Kontrolle.			
Empathie Ich kümmere mich um die anderen Kinder und helfe ihnen. Ich störe andere nicht bei der Arbeit.			
Verantwortung Ich arbeite selbstständig und mache meine Arbeit immer so gut ich kann zu Ende. Ich gehe mit meinen/unseren Sachen verantwortlich um. Ich folge unseren Regeln. Ich bin ehrlich und stehe zu dem, was ich gemacht habe.			
Zusammenarbeit Ich kann anderen zuhören, ohne sie zu unterbrechen. Ich bin ein guter Kamerad. Ich kann warten, bis ich dran bin. Ich kann Konflikte selbst oder mit Hilfe von Erwachsenen lösen.			

☺ = meistens, ☻ = manchmal, ☹ = selten

_____ _____
Unterschrift Pädagoge *Datum*

© Verlag an der Ruhr ▫ Postfach 10 22 51 ▫ 45422 Mülheim an der Ruhr ▫ www.verlagruhr.de ▫ ISBN 978-3-8346-0261-9

Name: _____

Schuljahr: _____

	Schüler	Pädagoge	IEP/Portfolio
Selbstbewusstsein Ich wage, ich selbst zu sein. Ich kann mit meinen Gefühlen umgehen.			
Empathie Ich bin hilfsbereit und nett zu anderen. Ich zeige Verständnis dafür, dass die Menschen verschieden sind. Ich kränke und hänsele niemanden.			
Verantwortung Ich arbeite selbstständig und mache meine Arbeit immer so gut ich kann zu Ende. Ich gehe mit meinen/unseren Sachen vorsichtig um und trage mit zur Ordnung bei. Ich befolge unsere Regeln.			
Zusammenarbeit Ich kann anderen zuhören, ohne sie zu unterbrechen. Ich arbeite mit anderen zusammen. Ich kann warten, bis ich dran bin. Ich kann Konflikte mit Worten lösen. Ich kann gefassten Beschlüssen folgen. Ich verstehe Spielregeln und halte sie ein.			

☺ = meistens, 😐 = manchmal, ☹ = selten

_____ _____
Unterschrift Pädagoge *Datum*

© Verlag an der Ruhr ▪ Postfach 10 22 51 ▪ 45422 Mülheim an der Ruhr ▪ www.verlagruhr.de ▪ ISBN 978-3-8346-0261-9

Stufe 5

Name: _____

Schuljahr: _____

	Schüler	Pädagoge	IEP/Portfolio
Selbstbewusstsein Ich wage, ich selbst zu sein. Ich erkenne meinen Anteil an einem Konflikt. Ich höre zu, wenn andere eine andere Meinung vortragen.			
Empathie Ich bin hilfsbereit und nett zu anderen. Ich zeige dafür Verständnis, dass die Menschen verschieden sind. Ich kränke und hänsele niemanden.			
Verantwortung Ich übernehme die Verantwortung für meine Aufgaben und sehe zu, dass ich sie ordentlich mache. Ich trage zu einem guten Klima und Arbeitsruhe bei. Ich folge unseren Regeln.			
Zusammenarbeit Ich höre anderen zu, ohne sie zu unterbrechen. Ich kann mit anderen zusammenarbeiten. Ich nehme an Diskussionen aktiv teil und bin bei der Beschlussfassung dabei. Ich löse Konflikte mit Worten. Ich folge den gefassten Beschlüssen.			

☺ = meistens, ☺ = manchmal, ☹ = selten

_____ _____
Unterschrift Pädagoge *Datum*

© Verlag an der Ruhr ▢ Postfach 10 22 51 ▢ 45422 Mülheim an der Ruhr ▢ www.verlagruhr.de ▢ ISBN 978-3-8346-0261-9

Name: _____

Schuljahr: _____

	Schüler	Pädagoge	IEP/Portfolio
Selbstbewusstsein Ich stehe zu meiner Meinung und kann von meinem Standpunkt aus eine Diskussion führen. Ich kenne meine Stärken und das, was ich noch bei mir selbst entwickeln sollte.			
Empathie Ich respektiere, dass alle Menschen gleich viel wert sind. Ich bin respektvoll und rücksichtsvoll.			
Verantwortung Ich folge unseren Regeln. Ich übernehme Verantwortung für mein Entwicklungsgespräch. Ich übernehme Verantwortung für mein Lernen. Ich übernehme Verantwortung für meine Handlungen.			
Zusammenarbeit Ich kann kameradschaftliche Beziehungen zu anderen aufnehmen und diese auch aufrechterhalten. Ich richte mich nach demokratisch gefassten Beschlüssen. Ich kann meinen Anteil in einem Konflikt sehen und dabei helfen, ihn zu lösen. Ich arbeite mit anderen Schülern und Erwachsenen zusammen.			

☺ = meistens, ☻ = manchmal, ☹ = selten

_____ _____
Unterschrift Pädagoge *Datum*

© Verlag an der Ruhr ▫ Postfach 10 22 51 ▫ 45422 Mülheim an der Ruhr ▫ www.verlagruhr.de ▫ ISBN 978-3-8346-0261-9

Stufe 1

Name: _____

Geburtsdatum: _____

	Datum	**Pädagoge**	**IEP/Portfolio**
Sprechen Macht sich mit Körpersprache verständlich. Spricht einzelne Wörter. Spielt mit Lauten. Zeigt deutliche Vokalwechsel. Kann zwei bis drei Wörter sprechen. Ahmt Wörter nach.			
Zuhören Hört und versteht den Zusammenhang zwischen Wörtern und den zugehörigen Gegenständen.			
Schreiben Verwendet Stift, Kreide und Papier.			

Unterschrift Pädagoge 　　　　　　　　　　　　　　_Datum_

© Verlag an der Ruhr ▫ Postfach 10 22 51 ▫ 45422 Mülheim an der Ruhr ▫ www.verlagruhr.de ▫ ISBN 978-3-8346-0261-9

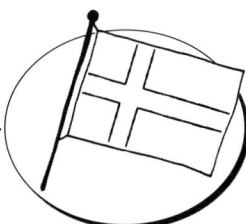

Ziele	Kriterien
Sprechen	
Macht sich mit Körpersprache verständlich.	z.B. schüttelt den Kopf für nein, nickt für ja.
Spricht einzelne Wörter.	z.B. *Mama, Papa*
Spielt mit Lauten. Zeigt deutliche Vokalwechsel.	z.B. *dut- ti, nan- ni*
Versucht, Wörter nachzuahmen.	z.B. *piep-piep, wau-wau.*
Kann zwei bis drei Wörter sprechen.	Wörter brauchen nicht lautgleich sein; z.B. *Tatto* für *Traktor.*
Zuhören	
Versteht den Zusammenhang zwischen Wörtern und den zugehörigen Gegenständen.	Zeigt und guckt auf einen Gegenstand, z.B. auf die Aufforderung: *Guck mal, da ist eine Lampe!*
Schreiben	
Verwendet Stift, Kreide und Papier.	Fertigt Kritzelzeichnungen mit Bögen, Punkten und Spiralen an.

© Verlag an der Ruhr ▣ Postfach 10 22 51 ▣ 45422 Mülheim an der Ruhr ▣ www.verlagruhr.de ▣ ISBN 978-3-8346-0261-9

Schwedisch
Stufe 2

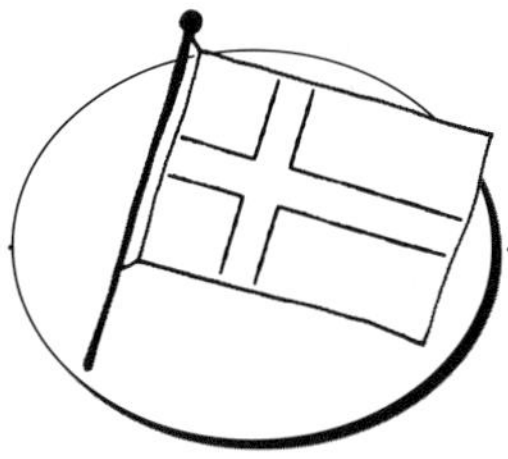

Name: _____

Geburtsdatum: _____

	Datum	Pädagoge	IEP/Portfolio
Sprechen Macht sich mit Wörtern verständlich. Spricht Zweiwortsätze. Verbindet bekannte Gegenstände mit Namen.			

Unterschrift Pädagoge   _Datum_

Individuelle Entwicklungspläne

© Verlag an der Ruhr ▣ Postfach 10 22 51 ▣ 45422 Mülheim an der Ruhr ▣ www.verlagruhr.de ▣ ISBN 978-3-8346-0261-9

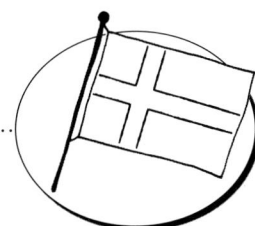

Ziele	Kriterien
Sprechen	
Macht sich mit Wörtern verständlich.	Wörter brauchen nicht korrekt ausgesprochen zu werden.
Spricht Zweiwortsätze.	z.B. *Guck, Lampe.*
Verbindet bekannte Gegenstände mit Namen.	Zeigt, schaut hin und nennt das Wort.

© Verlag an der Ruhr ▫ Postfach 10 22 51 ▫ 45422 Mülheim an der Ruhr ▫ **www.verlagruhr.de** ▫ ISBN 978-3-8346-0261-9

Schwedisch
Stufe 3

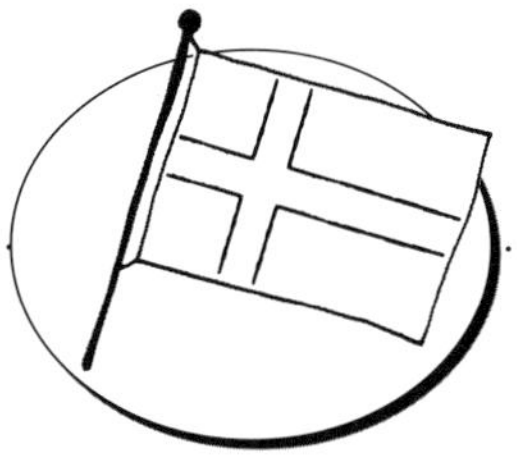

Name: _____

Geburtsdatum: _____

	Datum	Pädagoge	IEP/Portfolio
Sprechen Beginnt, Grammatik anzuwenden. Verwendet bejahende und verneinende Sätze. Spricht direkt zu anderen, erwartet aber keine Antwort.			
Zuhören Versteht eine einfache Aufforderung und kann diese ausführen. Zeigt Interesse an Reimen und Versen.			
Schreiben Malt Bilder mit geschlossenen Formen.			

Unterschrift Pädagoge   _Datum_

© Verlag an der Ruhr ▫ Postfach 10 22 51 ▫ 45422 Mülheim an der Ruhr ▫ www.verlagruhr.de ▫ ISBN 978-3-8346-0261-9

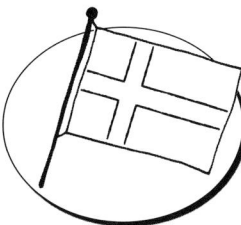

Ziele	Kriterien
Sprechen	
Beginnt Grammatik anzuwenden.	Spielt mit Wörtern, z.B. *kommt – kommte, Buch – die Bücher*
Verwendet bejahende und verneinende Sätze.	z.B. *Ich will malen! Ich will nicht malen.*
Spricht direkt zu anderen, erwartet aber keine Antwort.	z.B. *Da, Lisa schaukelt.*
Zuhören	
Versteht eine einfache Aufforderung und kann diese ausführen.	Holt und bringt Gegenstände zurück, z.B. bei *Hol bitte deine Schuhe!*
Zeigt Interesse an Reimen und Versen.	Reagiert und ahmt nach.
Schreiben	
Malt Bilder mit geschlossenen Formen.	z.B. eine Wolke, ein Haus, einen Kreis

© Verlag an der Ruhr ▣ Postfach 10 22 51 ▣ 45422 Mülheim an der Ruhr ▣ www.verlagruhr.de ▣ ISBN 978-3-8346-0261-9

Stufe 4

Name: _____

Geburtsdatum: _____

	Datum	Pädagoge	IEP/Portfolio
Sprechen Kann Gefühle in Worten ausdrücken. Verwendet die Sprache beim Spielen. Spricht Nonsensreime und Wortspiele.			
Zuhören Kann in einer Gruppe beim Vorlesen zuhören. Versteht einfache Instruktionen und kann sie ausführen.			
Schreiben Wendet Als-ob-Schreiben an. Kopiert waagerechte und senkrechte Striche.			

Unterschrift Pädagoge   *Datum*

© Verlag an der Ruhr ▪ Postfach 10 22 51 ▪ 45422 Mülheim an der Ruhr ▪ www.verlagruhr.de ▪ ISBN 978-3-8346-0261-9

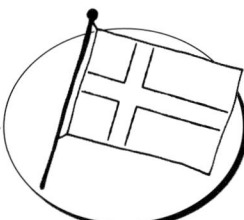

Ziele	Kriterien
Sprechen	
Kann Gefühle in Worten ausdrücken.	z.B. *Ich habe Durst. Ich bin wütend.*
Verwendet die Sprache beim Spielen.	Handlung und Sprache sind miteinander verbunden, z.B. *Nun soll die Puppe schlafen.*
Spricht Nonsensreime und Wortspiele.	z.B. *Trulla-Fulla, Hase-Klase, Hi-ha-hunger*
Zuhören	
Kann in einer Gruppe beim Vorlesen und Anschauen von Bilderbüchern zuhören.	Stellt Fragen zu Bildern aus der Geschichte.
Versteht eine einfache Instruktion und kann sie ausführen.	Kann einer Bitte folgen, z.B. *Kannst du so lieb sein, und die Milch aus dem Kühlschank holen?*
Schreiben	
Wendet Als-ob-Schreiben an.	Tut, als ob es schreibt, ohne Buchstabenkenntnis.

© Verlag an der Ruhr ▫ Postfach 10 22 51 ▫ 45422 Mülheim an der Ruhr ▫ www.verlagruhr.de ▫ ISBN 978-3-8346-0261-9

Schwedisch
Stufe 5

Name: _____

Geburtsdatum: _____

	Datum	Pädagoge	IEP/Portfolio
Sprechen Kann in einer Gruppe sprechen. Unterscheidet Fantasie und Wirklichkeit. Verwendet die Sprache, um Vergangenheit, Gegenwart und Zukunft auszudrücken. Kann einfache Dialoge führen. Kann alle einzelnen Sprachlaute und Zusammensetzungen aussprechen.			
Zuhören Hört zu, wenn andere sprechen. Versteht eine Instruktion mit mehreren Schritten und kann diese ausführen.			
Lesen Versteht, dass ein Text etwas bedeutet.			
Schreiben *Schreibt den eigenen Namen.*			

_____
Unterschrift Pädagoge

_____
Datum

© Verlag an der Ruhr ▫ Postfach 10 22 51 ▫ 45422 Mülheim an der Ruhr ▫ www.verlagruhr.de ▫ ISBN 978-3-8346-0261-9

Individuelle Entwicklungspläne

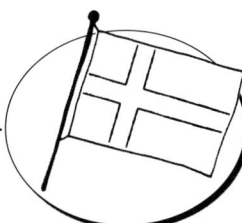

© Verlag an der Ruhr ▫ Postfach 10 22 51 ▫ 45422 Mülheim an der Ruhr ▫ www.verlagruhr.de ▫ ISBN 978-3-8346-0261-9

Ziele	Kriterien
Sprechen	
Kann in einer Gruppe sprechen.	Spricht vor allen Kindern z.B. im Morgenkreis.
Verwendet die Sprache, um Vergangenheit, Gegenwart und Zukunft auszudrücken.	Ohne Anspruch auf die korrekte Flexion der Wörter.
Kann einfache Dialoge führen.	Kann in zwei Arten kommunizieren, z.B. fragen und antworten.
Kann alle einzelnen Sprachlaute und Zusammensetzungen aussprechen.	Spricht sauber im Satz, mit der richtigen Wortfolge.
Zuhören	
Hört zu, wenn andere sprechen.	Zeigt es durch Körpersprache, Fragen oder Kommentare.
Versteht eine Instruktion mit mehreren Schritten und kann diese ausführen.	*z.B. Geh und wasch deine Hände. Zieh dich dann an, geh raus und warte beim Sandkasten. Ich will dir dann zeigen, wie man eine Sandburg baut!*
Lesen	
Versteht, dass ein Text etwas bedeutet.	Stellt z.B. die Frage: *Was steht dort?*

Schwedisch
Stufe 6

Name: _____

Schuljahr: _____

	Schüler	Pädagoge	IEP/Portfolio
Sprechen Äußert sich zu bestimmten Themen.			
Zuhören Hört zu, wenn andere etwas berichten, und versteht, worüber sie sprechen. Versteht Instruktionen und führt sie aus. Versteht Reime, Silben und zusammengesetzte Wörter.			
Lesen Weiß, dass man von links nach rechts liest. Weiß, dass ein Satz aus mehreren Wörtern besteht. Kann Anfangs- und Endlaute bzw. -buchstaben in Wörtern benennen. Erkennt einzelne Wortbilder. Unterscheidet Buchstaben und Zahlen. Kann die meisten Buchstaben lesen.			
Schreiben Schreibt seinen Namen in richtiger Schreibrichtung. Interessiert sich für Buchstaben.			

☺ = kann, ☺ = auf gutem Weg, ☹ = unsicher

_____   _____
Unterschrift Pädagoge   *Datum*

© Verlag an der Ruhr ▫ Postfach 10 22 51 ▫ 45422 Mülheim an der Ruhr ▫ www.verlagruhr.de ▫ ISBN 978-3-8346-0261-9

Individuelle Entwicklungspläne

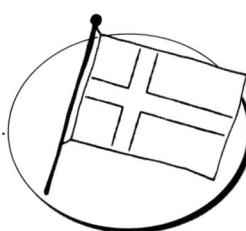

© Verlag an der Ruhr ▫ Postfach 10 22 51 ▫ 45422 Mülheim an der Ruhr ▫ www.verlagruhr.de ▫ ISBN 978-3-8346-0261-9

Ziele	Kriterien
Sprechen Äußert sich zu bestimmten Themen.	Du erzählst passend zum Gesprächsthema.
Zuhören Hört zu, wenn andere etwas berichten, und versteht, worüber sie sprechen. Versteht Instruktionen und führt sie aus.	Du erzählt etwas nach, was ein anderer erzählt hat. Du verstehst eine Aufforderung und führst sie aus.
Lesen Weiß, dass ein Satz aus mehreren Wörtern besteht. Kann Anfangs- und Endlaute bzw. -buchstaben in Wörtern benennen. Erkennt einzelne Wortbilder. Kann die meisten Buchstaben lesen.	Du kannst in einem Satz erkennen, wie viele Wörter er enthält. Du verstehst auch, mit welchem Wort der Satz beginnt und endet. Du verstehst, welcher Buchstabe am Anfang und am Ende des Wortes kommt. z.B. *Sonne, Affe* Du kannst mindestens 15 Buchstaben nennen und zeigen.
Schreiben Schreibt seinen Namen in richtiger Schreibrichtung. Interessiert sich für Buchstaben.	Du schreibst deinen Namen von links nach rechts. Du fragst z.B., wie der Buchstabe heißt, wie er aussieht oder versuchst, ihn abzuschreiben.

Schwedisch
Stufe 7

Name: _____

Schuljahr: _____

	Schüler	Pädagoge	IEP/Portfolio
Sprechen Berichtet den anderen Kindern von seinen Erlebnissen. Verwendet die korrekten Flexionsformen.			
Zuhören Hört bei Geschichten und anderen Erzählungen ohne Bilder zu. Erfasst Instruktionen in der Gruppe. Kann der Erarbeitung eines Themas folgen.			
Lesen Sieht einen Zusammenhang zwischen Lauten und Buchstaben. Liest einfache Wörter und Wortbilder. Liest einfache, lautähnliche Texte und versteht den Inhalt.			
Schreiben *Kann das Alphabet und kann die Buchstaben richtig formen.* Kann einen Text abschreiben und den Schreiblinien folgen. Kann einfache Wörter lautgetreu schreiben.			

☺ = kann, 😐 = auf gutem Weg, ☹ = unsicher

_____   _____
Unterschrift Pädagoge   *Datum*

© Verlag an der Ruhr ▪ Postfach 10 22 51 ▪ 45422 Mülheim an der Ruhr ▪ www.verlagruhr.de ▪ ISBN 978-3-8346-0261-9

Individuelle Entwicklungspläne

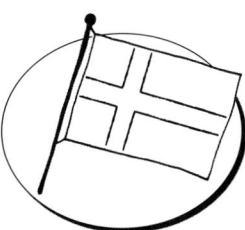

© Verlag an der Ruhr ▫ Postfach 10 22 51 ▫ 45422 Mülheim an der Ruhr ▫ www.verlagruhr.de ▫ ISBN 978-3-8346-0261-9

Ziele	Kriterien
Sprechen Berichtet den anderen Kindern von seinen Erlebnissen. Verwendet die korrekten Flexionsformen.	Du erzählst detailliert und ohne Wiederholungen, sodass die anderen Kinder dich verstehen. Du sagst z.B. *Ich habe meinem Vater gestern ein Geschenk gegeben. Ich bin gestern zur Schule gelaufen. Meine Oma ist älter als meine Mama.*
Zuhören Hört bei Geschichten und anderen Erzählungen ohne Bilder zu. Erfasst Instruktionen in der Gruppe. Kann der Erarbeitung eines Themas folgen.	Du kannst Fragen zur Erzählung beantworten. Du kannst einen Auftrag ausführen, z.B. *Bearbeite die Aufgaben aus dieser Schachtel, und löse dann die Aufgaben im Buch auf der Seite 67.* Du hörst aktiv zu, kannst Fragen beantworten oder eine Arbeitsaufgabe durchführen.
Lesen Sieht einen Zusammenhang zwischen Lauten und Buchstaben. Liest einfache Wörter und Wortbilder. Liest einfache lautgetreue Texte und versteht den Inhalt.	Du kannst den Laut der Buchstaben sagen und sie benennen. z.B. *Rose, Sieb, ich, und, Fisch, Fliege.* z.B. *Es ist ein schöner Tag heute. Ich will baden.*
Schreiben *Kennt das Alphabet und kann die Buchstaben richtig formen.* Kann einen Text abschreiben und den Schreiblinien folgen. Kann einfache Wörter lautgetreu schreiben.	Du kannst das Alphabet aufsagen und die großen und kleinen Buchstaben schreiben. Du kannst einige Sätze schreiben und weißt, dass ein Satz mit einem großen Buchstaben beginnt. Du weißt auch, dass Nomen groß geschrieben werden. z.B. *Rose, Oma, lesen, Wunde, Elefant*

Name: _____

Schuljahr: _____

	Schüler	Pädagoge	IEP/Portfolio
Sprechen Kann einen Dialog führen. Kann Märchen oder andere Erzählungen nacherzählen.			
Zuhören Kann den Erzählungen eines anderen Kindes in kleinen und großen Gruppen folgen.			
Lesen Kann Texte lesen, die lautstrittige Wörter und einen doppelten Konsonanten enthalten. Liest einfache literarische Texte fließend und sinnentnehmend. Liest einfache Sachtexte. Kann laut lesen und gleichzeitig hören, ob das Gelesene richtig klingt.			
Schreiben Kennt die alphabetische Ordnung. Schreibt lautgetreue Wörter und häufig vorkommende lautstrittige Wörter mit kleinen Buchstaben richtig. *Schreibt einfache Sätze.*			

☺ = kann, ☺ = auf gutem Weg, ☹ = unsicher

_____   _____
Unterschrift Pädagoge   *Datum*

© Verlag an der Ruhr ▫ Postfach 10 22 51 ▫ 45422 Mülheim an der Ruhr ▫ www.verlagruhr.de ▫ ISBN 978-3-8346-0261-9

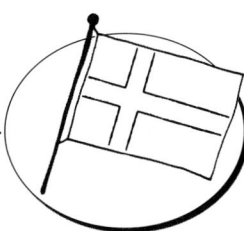

© Verlag an der Ruhr ▣ Postfach 10 22 51 ▣ 45422 Mülheim an der Ruhr ▣ www.verlagruhr.de ▣ ISBN 978-3-8346-0261-9

Ziele	Kriterien
Sprechen Kann einen Dialog führen. Kann Märchen oder andere Erzählungen nacherzählen.	 Du kannst dich mit einer Person so unterhalten, dass sie dich versteht und du sie verstehst. Du kannst das Gespräch fortsetzen. Du erzählst den Text mit eigenen Worten in richtiger Reihenfolge.
Zuhören Kann den Erzählungen eines anderen Kindes in kleinen und großen Gruppen folgen.	 Du hörst aktiv zu und zeigst Interesse für das, was berichtet wird.
Lesen Kann Texte lesen, die lautstrittige Wörter und einen doppelten Konsonanten enthalten Liest einfache literarische Texte fließend und sinnentnehmend. Liest einfache Sachtexte. Kann laut lesen und gleichzeitig hören, ob es richtig klingt.	 Du kannst Texte lesen, in denen schwierige Verbindungen von Buchstaben vorkommen. Du kannst einen Text lesen, ohne dass du ihn vorher trainiert hast. Du darfst bei einzelnen Wörtern stecken bleiben. Du kannst die Fragen zum Text beantworten. Text in Kombination mit Bildern. Du sollst den Text nicht vorher gelesen haben, und du kannst die Fragen zum Inhalt beantworten. Du kannst, nachdem du einen Satz gelesen hast, erkennen, ob er richtig klingt.
Schreiben Kennt die alphabetische Ordnung. Schreibt lautähnliche Wörter und häufig vorkommende lautstrittige Wörter mit kleinen Buchstaben. *Schreibt einfache Sätze.*	 Du kannst die Wörter nach dem ersten Buchstaben ordnen und sie in einer einfachen Wörterliste nachschlagen. Du kannst z.B. folgende Wörter schreiben: *vielleicht, Messer, Baum, viel, gern, helfen, selbst.* Du kannst Sätze schreiben mit einem Abstand zwischen den Wörtern und mit einem Punkt am Satzende. Du beginnst mit dem großen Buchstaben. Du vermischst nicht große und kleine Buchstaben.

Schwedisch
Stufe 9

Name: _____

Schuljahr: _____

	Schüler	Pädagoge	IEP/Portfolio
Sprechen Stellt reflektierende Fragen. Bleibt beim Thema.			
Zuhören Nimmt Informationen entgegen. Nimmt Instruktionen mit mehreren Schritten entgegen und führt sie aus.			
Lesen Liest und versteht einfache Kinderbücher. Kann laut vor einer Gruppe lesen. Kann eine kurze Arbeitsanleitung lesen und verstehen.			
Schreiben Hat eine lesbare Handschrift. Kann die Buchstaben in Schreibschrift schreiben. Schreibt einfache und verständliche Texte.			

☺ = kann, ☺ = auf gutem Weg, ☹ = unsicher

Unterschrift Pädagoge   _Datum_

© Verlag an der Ruhr ▪ Postfach 10 22 51 ▪ 45422 Mülheim an der Ruhr ▪ www.verlagruhr.de ▪ ISBN 978-3-8346-0261-9

Individuelle Entwicklungspläne

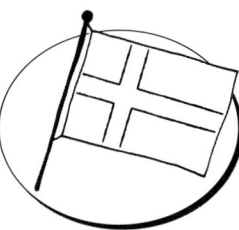

Ziele	Kriterien
Sprechen Stellt reflektierende Fragen. Bleibt beim Thema.	 Du denkst nach und stellst Fragen, die im Zusammenhang mit deiner Arbeit stehen. Du kannst etwas berichten, über das du etwas gelesen hast, das du gesehen oder erlebt hast. Es soll deutlich werden, um was es sich handelt.
Zuhören Nimmt Informationen entgegen. Nimmt Instruktionen mit mehreren Schritten entgegen und führt sie aus.	 Du hörst zu, und du kannst die Information weiterleiten, z.B. *Nehmt morgen etwas zu trinken mit in die Schule, weil wir morgen joggen wollen.* z.B. *Zuerst sollst ... dann sollst du ... zum Schluss sollst du.*
Lesen Kann laut vor einer Gruppe lesen. Kann eine kurze Arbeitsanleitung lesen und verstehen.	 Du liest laut und deutlich, sodass andere dich verstehen können. Du merkst, wenn du einen Fehler machst, und berichtigst ihn. Du verstehst z.B. ein Rezept für Obstsalat.
Schreiben Hat eine lesbare Handschrift. Kann die Buchstaben in Schreibschrift schreiben.	 Du selbst und andere können lesen, was du geschrieben hast. Du kannst das ganze Alphabet schreiben, die großen und die kleinen Buchstaben, ohne eine Vorlage zu haben.

© Verlag an der Ruhr ▫ Postfach 10 22 51 ▫ 45422 Mülheim an der Ruhr ▫ www.verlagruhr.de ▫ ISBN 978-3-8346-0261-9

Schwedisch
Stufe 10

Name: _____

Schuljahr: _____

	Schüler	Pädagoge	IEP/Portfolio
Sprechen Kann etwas deutlich erklären und eine Anweisung geben. Kann etwas vor der Gruppe berichten.			
Zuhören Kann eine Mitteilung entgegennehmen und sie weiterleiten.			
Lesen *Liest mit gutem Verständnis.* Liest Sachbücher. Kann eingeblendete Schriften im Fernsehen mitlesen.			
Schreiben Kennt die Reihenfolge des Alphabets. *Schreibt Erzähltexte.* Schreibt Briefe.			

☺ = kann, 😐 = auf gutem Weg, ☹ = unsicher

_____   _____
Unterschrift Pädagoge   *Datum*

© Verlag an der Ruhr ▫ Postfach 10 22 51 ▫ 45422 Mülheim an der Ruhr ▫ www.verlagruhr.de ▫ ISBN 978-3-8346-0261-9

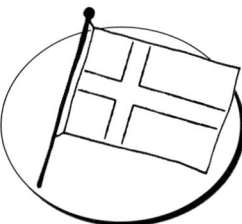

© Verlag an der Ruhr ▣ Postfach 10 22 51 ▣ 45422 Mülheim an der Ruhr ▣ www.verlagruhr.de ▣ ISBN 978-3-8346-0261-9

Ziele	Kriterien
Sprechen Kann etwas deutlich erklären und eine Anweisung geben. Kann etwas vor der Gruppe berichten.	Du kannst beschreiben, wie etwas abläuft oder funktioniert, z.B. ein Spiel oder eine Maschine. Du kannst Fakten, die du gehört hast, auf eine leicht verständliche Wiese wiedergeben, z.B. von einem Interview. Du kannst mindestens zwei Personen etwas berichten, was du selbst erlebt oder gehört hast.
Zuhören Kann eine Information entgegennehmen und sie weiterleiten.	Du hörst so genau zu, dass du die Information zu einer späteren Gelegenheit wiedergeben kannst.
Lesen *Liest mit gutem Verständnis.* Liest und versteht Sachbücher. Kann eingeblendete Schriften im Fernsehen mitlesen.	Du kannst auch schwierige Fragen zum Text beantworten. Du kannst in einem Sachtext ausgehend von deinen eigenen Fragen Informationen finden. Du kannst den Text lesen, sodass du verstehst, wovon das Programm handelt.
Schreiben Kann die Reihenfolge des Alphabets. *Schreibt Erzähltexte.* Schreibt Briefe.	Du kannst die beiden Nachbarn der einzelnen Buchstaben im Alphabet benennen. Du kannst Wörter nach dem Alphabet sortieren, nach dem ersten, zweiten und dritten Buchstaben. Die Erzählung soll eine deutliche erkennbare Handlung haben, mit einer Einführung und einem Schluss. Dein Brief soll ein Datum, ein Begrüßungswort am Anfang und am Schluss haben, begreifbare Sätze enthalten und unterschrieben sein. Auf dem Umschlag sollen eine Adresse und ein Absender stehen.

Schwedisch
Stufe 11

Name: _____

Schuljahr: _____

	Schüler	Pädagoge	IEP/Portfolio
Sprechen Kann eine Meinung äußern. Nimmt aktiv an Diskussionen und Gesprächen teil.			
Zuhören Hört aktiv zu, um Informationen und Wissen zu erhalten. Versteht die Argumente anderer in einer Diskussion.			
Lesen Liest und versteht die Artikel in einer Tageszeitung. Liest literarische Texte aus verschiedenen Zeitepochen, Ländern und Schauplätzen. Verwendet Wörterbücher und Nachschlagewerke. Sucht Fakten aus verschiedenen Quellen.			
Schreiben Kann Texte gliedern. Verwendet grundlegende Schreibregeln. Schreibt meistens richtig, vor allem die häufig vorkommenden Wörter. *Kann einen Sachtext schreiben.*			

☺ = kann, ☻ = auf gutem Weg, ☹ = unsicher

_____   _____
Unterschrift Pädagoge   *Datum*

Individuelle Entwicklungspläne

© Verlag an der Ruhr ▪ Postfach 10 22 51 ▪ 45422 Mülheim an der Ruhr ▪ www.verlagruhr.de ▪ ISBN 978-3-8346-0261-9

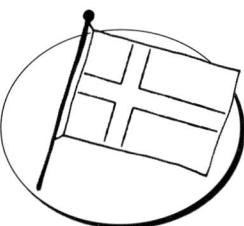

© Verlag an der Ruhr ▪ Postfach 10 22 51 ▪ 45422 Mülheim an der Ruhr ▪ www.verlagruhr.de ▪ ISBN 978-3-8346-0261-9

Ziele	Kriterien
Sprechen Kann eine Meinung äußern. Nimmt aktiv an Diskussionen und Gesprächen teil.	Du wagst, deine Meinung in einer Gruppe zu sagen. Du sprichst über ein vorgegebenes Thema in einer Gruppe.
Zuhören Hört aktiv zu, um Informationen und Wissen zu erhalten. Versteht die Argumente anderer in einer Diskussion.	Du hörst zu und versuchst, deine Mitschüler und die Erwachsenen zu verstehen (im Unterricht, bei Planungen usw.) Du lässt andere ausreden und versuchst, ihre Meinung zu verstehen, auch wenn du anders denkst.
Lesen Liest und versteht die Artikel in einer Tageszeitung. Liest literarische Texte aus verschiedenen. Zeitepochen, Ländern und Schauplätzen. Verwendet Wörterbücher und Nachschlagewerke. Sucht Fakten aus verschiedenen Quellen.	Du sprichst über den Inhalt eines Artikels, sodass der Empfänger dich versteht. Du kannst Fragen zu einem Text beantworten, bei denen die Antwort zwischen den Zeilen im Text zu finden ist. Du verwendest Wörterbücher und Lexika selbstständig. Du suchst Fakten in Zeitungen, Nachschlagewerken, literarischen Texten, Fachbüchern usw.
Schreiben Kann Texte gliedern und verwendet grundlegende Schreibregeln. *Kann einen Sachtext schreiben.*	Du wendest Anführungsstriche, die richtige Zeitform, variierenden Satzbau an; du teilst den Text in Abschnitte ein und kannst die Wörter trennen. Du verstehst selbst, was du schreibst, und du hast den Text nicht abgeschrieben. Du denkst über den Inhalt deines Textes nach. Dein Text enthält deine eigenen Fragen und Gedanken.

Schwedisch
Stufe 12

Name: _____

Schuljahr: _____

	Schüler	Pädagoge	IEP/Portfolio
Sprechen Kann über einen literarischen Text oder einen Film sprechen.			
Lesen Passt die Lesart und Lesegeschwindigkeit dem Text und dem Zweck des Lesens an. Kann zwischen verschiedenen Quellen wählen. Analysiert Texte.			
Schreiben Erfasst den Unterschied zwischen geschriebener und gesprochener Sprache. Kann mit einem Textverarbeitungsprogramm auf dem Rechner schreiben. Schreibt erzählende Texte.			

☺ = kann, ☺ = auf gutem Weg, ☹ = unsicher

Unterschrift Pädagoge   _Datum_

© Verlag an der Ruhr ▪ Postfach 10 22 51 ▪ 45422 Mülheim an der Ruhr ▪ www.verlagruhr.de ▪ ISBN 978-3-8346-0261-9

Individuelle Entwicklungspläne

Stufe 12

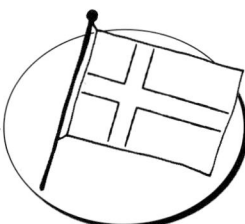

© Verlag an der Ruhr ▣ Postfach 10 22 51 ▣ 45422 Mülheim an der Ruhr ▣ www.verlagruhr.de ▣ ISBN 978-3-8346-0261-9

Ziele	Kriterien
Sprechen Kann über einen literarischen Text oder einen Film sprechen.	Du kannst den Inhalt kurz zusammenfassen, den Ort der Handlung, die Personen, die Gedanken beschreiben usw. Du kannst eine persönliche Reflektion machen.
Lesen Passt die Lesart und Lesegeschwindigkeit dem Text und dem Zweck des Lesens an. Kann zwischen verschiedenen Quellen wählen. Analysiert Texte.	Querlesen, genau lesen, laut lesen usw. Du kannst die Fakten von mindestens zwei Quellen vergleichen, um sicher zu gehen, dass die Information stimmt. Du versuchst zu verstehen, ob die Quelle objektiv oder subjektiv ist. Du verwendest Fachbegriffe und kannst Ort, Personen und Handlungen beschreiben.
Schreiben Erfasst den Unterschied zwischen geschriebener und gesprochener Sprache. Schreibt erzählende Texte.	Du weißt, wann du schreiben kannst, wie du sprichst. Du kannst deine Texte auf verschiedene Weise beginnen und beenden. Der Text enthält z.B. Gefühle, Personen- und Ortsbeschreibungen.

Schwedisch
Stufe 13

Name: _____

Schuljahr: _____

	Schüler	Pädagoge	IEP/Portfolio
Sprechen Kann jüngeren Kindern etwas erklären, sodass sie es verstehen. Argumentiert und stellt Fragen, die zum Gesprächsthema gehören.			
Zuhören Kann sich an Informationen erinnern und verwendet sie bei Bedarf.			
Lesen Liest Texte verschiedener Genres zur Unterhaltung, und um Informationen zu entnehmen. Analysiert Texte. Deutet und bewertet das Gelesene.			
Schreiben Kann eine Gliederung für verschiedene Texte erstellen. *Schreibt verschiedene Textarten.*			

☺ = kann, ☺ = auf gutem Weg, ☹ = unsicher

_____ _____
Unterschrift Pädagoge *Datum*

© Verlag an der Ruhr ▫ Postfach 10 22 51 ▫ 45422 Mülheim an der Ruhr ▫ **www.verlagruhr.de** ▫ ISBN 978-3-8346-0261-9

Individuelle Entwicklungspläne

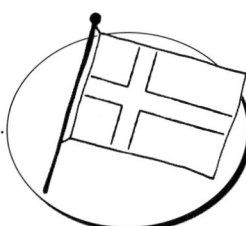

© Verlag an der Ruhr ▫ Postfach 10 22 51 ▫ 45422 Mülheim an der Ruhr ▫ www.verlagruhr.de ▫ ISBN 978-3-8346-0261-9

Ziele	Kriterien
Sprechen Kann jüngeren Kindern etwas erklären, sodass sie es verstehen.	Du kannst z.B. Märchen erzählen, Spiele beschreiben oder über Ereignisse berichten.
Zuhören Kann sich an Informationen erinnern und verwendet sie bei Bedarf.	Du weißt z.B., was du bei Feueralarm machen musst.
Lesen Liest Texte verschiedener Genres zur Unterhaltung, und um Informationen zu entnehmen.	Du liest z.B. Texte, die vom Leben der Menschen in anderen Ländern handeln. Du verstehst, ob der Verfasser des Textes eine bestimmte Botschaft übermittelt.
Analysiert Texte.	Du erkennst, wie ein Text aufgebaut ist. Du verwendest Fachbegriffe, beschreibst den Ort der Handlung, die Erzählperspektive usw.
Deutet und bewertet das Gelesene.	Du begründest deine Meinung zum Gelesenen und verstehst auch das, was zwischen den Zeilen steht.
Schreiben Kann eine Gliederung für verschiedene Texte erstellen.	Du bereitest dein Schreiben vor, z.B. mit einem Cluster oder Stichwörtern.
Schreibt verschiedene Textarten.	Du verstehst, wie verschiedene Texte aufgebaut sind, und kannst z.B. Gedichte, Novellen, debattierende Artikel, Reflexionen, Zusammenfassungen, Referate und Fachaufsätze schreiben.

Schwedisch
Stufe 14

Name: _____

Schuljahr: _____

	Schüler	Pädagoge	IEP/Portfolio
Sprechen Passt die Sprache dem Zweck und dem Empfänger an. Präsentiert eine Arbeit für Gleichaltrige so, dass sie den Inhalt verstehen. Nimmt aktiv an Gesprächen und Diskussionen teil, respektiert die Ansichten anderer und begegnet diesen.			
Zuhören Hört im Gespräch und bei Diskussionen aktiv zu, um die Meinung anderer Menschen zu verstehen.			
Lesen Liest dem Alter entsprechende literarische Texte. Analysiert Texte. Kennt Autoren aus verschiedenen Zeitepochen, die die Menschen durch ihr Werk beeinflusst haben. Liest, versteht und diskutiert verschiedene Arten von Artikeln der Tagespresse. Liest und verwendet Fachtexte bei der täglichen Arbeit.			
Schreiben *Schreibt Texte im Stil literarischer Texte und Fachaufsätze.*			

☺ = kann, ☺ = auf gutem Weg, ☹ = unsicher

_____   _____
Unterschrift Pädagoge   *Datum*

© Verlag an der Ruhr ▪ Postfach 10 22 51 ▪ 45422 Mülheim an der Ruhr ▪ www.verlagruhr.de ▪ ISBN 978-3-8346-0261-9

Individuelle Entwicklungspläne

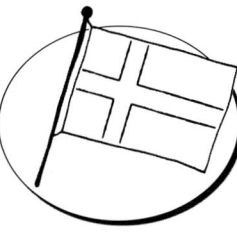

© Verlag an der Ruhr ▣ Postfach 10 22 51 ▣ 45422 Mülheim an der Ruhr ▣ www.verlagruhr.de ▣ ISBN 978-3-8346-0261-9

Ziele	Kriterien
Sprechen Passt die Sprache dem Zweck und dem Empfänger an. Nimmt aktiv an Gesprächen und Diskussionen teil, respektiert die Ansichten anderer und begegnet diesen.	Du weißt, bei welcher Gelegenheit du *Guten Tag* oder *Hallo* sagen kannst, wen du duzen und wen du siezen musst usw. Die Gespräche und Diskussionen berühren bekannte Gebiete und finden in einer sicheren Situation statt.
Zuhören Hört im Gespräch und bei Diskussionen aktiv zu, um die Meinung anderer Menschen zu verstehen.	Du zeigst durch deine Mimik, Körpersprache und Fragen deine Bereitschaft, dich in die Gedanken anderer Menschen hineinzuversetzen.
Lesen Analysiert Texte. Kennt Autoren aus verschiedenen Zeitepochen, die die Menschen durch ihr Werk beeinflusst haben. Liest, versteht und diskutiert verschiedene Arten von Artikeln der Tagespresse.	Du kannst allein oder gemeinsam mit Mitschülern Texte verschiedener Art überdenken und dabei z.B. über den Inhalt, die Botschaft und die Gefühle, die der Text weckt, sprechen. Du weißt über verschiedene Autoren, was sie geschrieben haben und wie ihr Werk andere Menschen beeinflusst hat. Du untersuchst und bewertest die Fakten, die du liest.
Schreiben *Schreibt Texte im Stil literarischer Texte und Fachaufsätze.*	Du wagst es, etwas Neues zu schöpfen, und strebst nach einem persönlichen Stil. Du bemühst dich um eine Variation der Wortwahl, Satzbau usw.

Mathematik
Stufe 1

Name: _____

Geburtsdatum: _____

	Schüler	Pädagoge	IEP/Portfolio
Begriffs- und Zahlenauffassung Versteht die Begriffe: *alles, nichts.* Versteht den Zahlbegriff: *eins.* Versteht den Zahlbegriff: *zwei.* Kann zwei in einer Menge erkennen. Sortiert nach Übereinstimmungen/Ähnlichkeiten. Versteht die Begriffe: *groß* und *klein.*			
Rechenarten Zählt bis zwei.			
Anwendung Spielt Bauspiele mit Bauklötzen. Kann eine Anzahl von Gegenständen zuteilen: *eins/zwei.* Legt Puzzles.			

☺ = kann, 😐 = auf gutem Weg, ☹ = unsicher

_____   _____
Unterschrift Pädagoge   *Datum*

© Verlag an der Ruhr ▫ Postfach 10 22 51 ▫ 45422 Mülheim an der Ruhr ▫ www.verlagruhr.de ▫ ISBN 978-3-8346-0261-9

Individuelle Entwicklungspläne

Ziele	Kriterien
Begriffs- und Zahlenauffassung	
Versteht die Begriffe: *alles, nichts*.	Das Kind zeigt durch Handlung, dass es die Bedeutung der Begriffe versteht, z.B. *Gib mir alle Bälle!*
Kann zwei in einer Menge erkennen.	Das Kind kann aus einer Menge zwei Gegenstände nehmen, z.B. *Gib mir zwei Bausteine!*
Sortiert nach Übereinstimmungen/Ähnlichkeiten.	Das Kind kann Gegenstände ausgehend von Ähnlichkeiten bzw. Übereinstimmungen sortieren, z.B. *Gib mir alle gleichen Bausteine!*
Versteht die Begriffe: *groß* und *klein*.	Das Kind erkennt den Unterschied zwischen groß und klein, indem es Gegenstände vergleicht, z.B. *Gib mir einen kleinen Ball! Gib mir einen großen Ball!*
Rechenarten	
Zählt bis zwei.	Das Kind kann selbstständig bis zwei zählen.
Anwendung	
Spielt Bauspiele mit Bauklötzen.	Das Kind baut selbstständig mit Bauklötzen (freies Spiel, ohne Anleitung und ohne Beispiel).
Kann eine Anzahl von Gegenständen zuteilen: *eins/zwei*.	Das Kind kann z.B. einen Apfel an jedes einzelne Kind in der Gruppe verteilen.

© Verlag an der Ruhr ▫ Postfach 10 22 51 ▫ 45422 Mülheim an der Ruhr ▫ www.verlagruhr.de ▫ ISBN 978-3-8346-0261-9

Mathematik
Stufe 2

Name: _____

Geburtsdatum: _____

	Datum	Pädagoge	IEP/Portfolio
Begriffs- und Zahlenauffassung Versteht die Begriffe: *viele, einige.* Kann Übereinstimmungen/ Ähnlichkeiten bezüglich der Größe erkennen. Kann Übereinstimmungen/ Ähnlichkeiten bezüglich der Länge erkennen. Versteht den Zahlbegriff: *drei.*			
Rechenarten Zählt bis fünf.			
Anwendung Legt einfache Puzzles. Kann Zwei-zu-eins-Zuordnungen vornehmen.			

☺ = kann, ☻ = auf gutem Weg, ☹ = unsicher

_____   _____
Unterschrift Pädagoge   *Datum*

© Verlag an der Ruhr ▢ Postfach 10 22 51 ▢ 45422 Mülheim an der Ruhr ▢ www.verlagruhr.de ▢ ISBN 978-3-8346-0261-9

Individuelle Entwicklungspläne

Ziele	Kriterien
Begriffs- und Zahlenauffassung Versteht die Begriffe: *viele, einige.*	Das Kind zeigt durch Handlung, dass es den Begriff versteht, z.B. *Hole mir einige Bausteine!*
Kann Übereinstimmungen/Ähnlichkeiten bezüglich der Größe beurteilen.	Das Kind erkennt, ob die Gegenstände gleich groß sind, z.B. *Gib mir die Bauklötze, die gleich groß sind!*
Kann Übereinstimmungen/Ähnlichkeiten bezüglich der Länge beurteilen.	Das Kind erkennt, welche Gegenstände gleich lang sind.
Versteht den Zahlbegriff: *drei.*	Erkennt eine Menge von drei (z.B. drei Äpfel), ohne nachzuzählen.
Rechenarten Zählt bis fünf.	Das Kind kann ohne Hilfe bis fünf zählen, ohne ein Verständnis für die Menge zu haben.
Anwendung Legt einfache Puzzles.	Das Kind kann ein einfaches Puzzle mit mindestens acht Teilen legen.
Kann Zwei-zu-eins-Zuordnungen vornehmen.	Das Kind kann z.B. zwei Kekse an jedes Kind in der Gruppe verteilen.

© Verlag an der Ruhr ▫ Postfach 10 22 51 ▫ 45422 Mülheim an der Ruhr ▫ www.verlagruhr.de ▫ ISBN 978-3-8346-0261-9

Mathematik
Stufe 3

Name: _____

Geburtsdatum: _____

	Datum	Pädagoge	IEP/Portfolio
Begriffs- und Zahlenauffassung Kennt die Lagewörter: *unter, über, in, auf, neben, hinter, vor.* Kennt die Zahlbezeichnungen für die Zahlen 0–10. Versteht die Begriffe: *hoch, flach, lang, kurz, schwer, leicht.* Kann mit Hilfe der Finger Mengen abzählen.			
Rechenarten Kann die Zahlwortreihe bis 10 aufsagen.			
Anwendung Legt Puzzles > 16 Teilen. Spielt Konstruktions- und Bauspiele. Kann einfache Formen und Gebäude aus Körpern nachbauen. Interessiert sich für Märchen, Reime und Lieder.			

☺ = kann, ☺ = auf gutem Weg, ☹ = unsicher

_____   _____
Unterschrift Pädagoge   *Datum*

© Verlag an der Ruhr ▫ Postfach 10 22 51 ▫ 45422 Mülheim an der Ruhr ▫ www.verlagruhr.de ▫ ISBN 978-3-8346-0261-9

Ziele	Kriterien
Begriffs- und Zahlenauffassung	
Kann die Lagewörter: *unter, über, in, auf, neben, hinter, vor.*	Das Kind kann die Begriffe zeigen und benennen mit Hilfe von Gegenständen, z.B. einem Stuhl.
Kennt die Zahlbezeichnungen für die Zahlen 0–10.	Das Kind kann die Namen der Zahlen nennen. Es kann bis zur gewünschten Anzahl zählen z.B. *Stelle sieben Gläser auf den Tisch. Wie viele Finger hast du?*
Versteht die Begriffe: *hoch, flach, lang, kurz, schwer, leicht.*	Das Kind kann mit Hilfe von verschiedenen Gegenständen zeigen, dass es die Begriffe versteht. z.B. *Baue einen hohen / niedrigen Turm!*
Kann mit Hilfe der Finger Mengen abzählen.	Das Kind kann Wörter, Bewegungen und Objekte miteinander koordinieren, auf eine Anzahl von Objekten zeigen und sie gleichzeitig zählen.
Rechenarten	
Kann die Zahlwortreihe bis 10 aufsagen.	Das Kind kann bis zehn zählen, ohne Mengenverständnis.
Anwendung	
Spielt Konstruktions- und Bauspiele.	Das Kind baut mit verschiedenem Material, allein oder gemeinsam mit anderen Kindern, und es verfolgt beim Bauen ein Ziel (z.B. eine Burg bauen).
Kann einfache Formen und Gebäude aus Körpern nachbauen.	Das Kind kann ein Modell mit vier Teilen nachbauen, z.B. mit Bauklötzen.
Interessiert sich für Märchen, Reime und Lieder.	Das Kind zeigt Interesse für Märchen, Reime und Lieder, die Zahlenbegriffe enthalten, z.B. *Schneewittchen und die sieben Zwerge, Der Wolf und die sieben Geißlein.*

© Verlag an der Ruhr ▣ Postfach 10 22 51 ▣ 45422 Mülheim an der Ruhr ▣ www.verlagruhr.de ▣ ISBN 978-3-8346-0261-9

Mathematik
Stufe 4

Name: _____

Geburtsdatum: _____

	Schüler	Pädagoge	IEP/Portfolio
Begriffs- und Zahlenauffassung Sortiert Gegenstände nach übereinstimmenden Merkmalen. Hat eine Mengenauffassung von 0–10. Kann Mengen von 0–10 die Ziffernschreibweise zuordnen. Kennt den Begriff: *halb/Hälfte*.			
Rechenarten Kann die Zahlwortreihe bis 10 vorwärts und rückwärts aufsagen.			
Anwendung Spielt Spiele mit Würfeln. Erfindet Aufgaben.			

☺ = kann, ☻ = auf gutem Weg, ☹ = unsicher

Unterschrift Pädagoge   _Datum_

© Verlag an der Ruhr ▫ Postfach 10 22 51 ▫ 45422 Mülheim an der Ruhr ▫ www.verlagruhr.de ▫ ISBN 978-3-8346-0261-9

Individuelle Entwicklungspläne

Ziele	Kriterien
Begriffs- und Zahlenauffassung	
Sortiert Gegenstände nach übereinstimmenden Merkmalen.	Das Kind kann Kreise, Quadrate, Dreiecke, Kuben und Zylinder nach Farbe, Form und Größe sortieren, ohne die Formen benennen zu können.
Kann Mengen von 0–10 die Ziffernschreibweise zuordnen.	Das Kind kann eine geschriebene Zahl mit der richtigen Anzahl Gegenstände in Zusammenhang bringen.
Kennt den Begriff: *halb/Hälfte*.	Das Kind weiß, was mit *halb* gemeint ist, z.B. eine halbe Frucht.
Rechenarten	
Kann die Zahlwortreihe von 0–10 vorwärts und rückwärts aufsagen.	Das Kind kann ohne Hilfe vorwärts und rückwärts bis 10 zählen.
Anwendung	
Spielt Spiele mit Würfeln.	Das Kind kann mit Ziffern- und Punktwürfeln umgehen.
Erfindet Aufgaben.	Das Kind kann Rechenaufgaben aufschreiben und/oder mündlich vortragen, die sich im Zahlenbereich von 0 bis 10 bewegen.

© Verlag an der Ruhr ▣ Postfach 10 22 51 ▣ 45422 Mülheim an der Ruhr ▣ **www.verlagruhr.de** ▣ ISBN 978-3-8346-0261-9

Mathematik
Stufe 5

Name: _____

Schuljahr: _____

	Schüler	Pädagoge	IEP/Portfolio
Begriffs- und Zahlenauffassung Kann Relationen beschreiben: • *groß, größer, am größten, gleich groß* • *wenig, weniger, am wenigsten, gleich wenig* • *lang, länger, am längsten, gleich lang* • *schwer, schwerer, am schwersten, gleich schwer* • *kurz, kürzer, am kürzesten, gleich kurz* • *leicht, leichter, am leichtesten, gleich leicht* • *niedrig, niedriger, am niedrigsten, gleich niedrig* • *hoch, höher, am höchsten, gleich hoch.* Kann Anzahlen von 10 – 20 erfassen. Kennt die Begriffe: *Hälfte* und *das Doppelte.* Kann Mengen von 11 – 20 die Ziffernschreibweise zuordnen.			
Rechenarten Kann die Zahlwortreihe bis 20 vorwärts und rückwärts aufsagen.			
Anwendung Erfindet Aufgaben.			

☺ = kann, 😐 = auf gutem Weg, ☹ = unsicher

_____   _____
Unterschrift Pädagoge   *Datum*

© Verlag an der Ruhr ▫ Postfach 10 22 51 ▫ 45422 Mülheim an der Ruhr ▫ www.verlagruhr.de ▫ ISBN 978-3-8346-0261-9

Individuelle Entwicklungspläne

Ziele	Kriterien
Begriffs- und Zahlenauffassung	
Kann Relationen beschreiben.	Du kannst zeigen, dass du das Verhältnis der Wörter zueinander verstehst, z.B. mit Hilfe von verschiedenen Gegenständen oder durch eine Zeichnung.
Kann Anzahlen von 11–20 erfassen.	Du verstehst den Zusammenhang zwischen Zahl und Anzahl, z.B. indem du Gegenstände zur angegebenen Zahl holst oder zeichnest.
Kennt die Begriffe: *Hälfte* und *das Doppelte*.	Du verstehst die Begriffe und kannst erklären, was sie bedeuten.
Kann Mengen von 11–20 der Ziffernschreibweise zuordnen.	Du verstehst den Zusammenhang zwischen Ziffern und Zahlen und kannst das Zahlbild mit der richtigen Anzahl kombinieren.
Rechenarten	
Kann die Zahlwortreihe bis 20 vorwärts und rückwärts aufsagen.	Du kannst ohne Hilfe vorwärts und rückwärts bis 20 zählen.
Anwendung	
Erfindet Aufgaben.	Du kannst Matheaufgaben zeichnen/konstruieren und mündlich vortragen, die einige der Vergleichswörter auf diesem Stufenformular sowie Zahlen aus dem Zahlengebiet 11–20 enthalten.

© Verlag an der Ruhr ▫ Postfach 10 22 51 ▫ 45422 Mülheim an der Ruhr ▫ **www.verlagruhr.de** ▫ ISBN 978-3-8346-0261-9

Mathematik
Stufe 6

Name: _____

Schuljahr: _____

	Schüler	Pädagoge	IEP/Portfolio
Begriffs- und Zahlenauffassung Kennt die Begriffe: *mehr als, meist, gleich viele.* Kennt die Begriffe: *gestern, morgen, vorgestern, übermorgen.* Kann die Namen der Wochentage nennen. Kann die Einteilung eines Tages in *Morgen, Mittag, Nachmittag, Abend, Nacht* vornehmen. Versteht und kann die Zeichen *> und <* anwenden. Versteht und kann die Zeichen *+ und –* anwenden. Versteht und kann das Zeichen *=* anwenden.			
Rechenarten Kennt Additionstabellen bis 10 und kann sie ausfüllen. Kennt Subtraktionstabellen bis 10 und kann sie ausfüllen.			
Geometrische Formen und Maßeinheiten Erkennt und legt einfache Muster.			
Anwendung Erfindet eigene Aufgaben.			

☺ = kann, 😐 = auf gutem Weg, ☹ = unsicher

_____
Unterschrift Pädagoge

_____
Datum

© Verlag an der Ruhr ▫ Postfach 10 22 51 ▫ 45422 Mülheim an der Ruhr ▫ www.verlagruhr.de ▫ ISBN 978-3-8346-0261-9

Individuelle Entwicklungspläne

Ziele	Kriterien
Begriffs- und Zahlenauffassung Kennt die Begriffe: *mehr als, meist, gleich viele.*	Du kannst die verschiedenen Begriffe erklären oder mit Hilfe von verschiedenen Gegenständen zeigen, dass du die Begriffe verstehst.
Kennt die Begriffe: *gestern, morgen, vorgestern, übermorgen.*	Du kannst erklären, was die verschiedenen Begriffe bedeuten.
Kann die Namen der Wochentage nennen.	Du kannst die Namen der Wochentage in der richtigen Reihenfolge aufsagen. Du weißt, welcher Wochentag vor oder nach einem angegebenen Wochentag kommt.
Rechenarten Kennt Additionstabellen bis 10 und kann sie ausfüllen. Kennt Subtraktionstabellen bis 10 und kann sie ausfüllen.	Du kannst mit Hilfe der Kopfrechnung Additions- und Subtraktionsaufgaben bis 10 mündlich und schriftlich lösen.
Geometrische Formen und Maßeinheiten Erkennt und legt einfache Muster.	Du kannst ein begonnenes Muster fortsetzen sowie eigene Muster legen.
Anwendung Erfindet eigene Aufgaben.	Du kannst Aufgaben zeichnen/konstruieren und mündlich vortragen, die Begriffe aus diesem Stufenformular sowie Addition und Subtraktion im Zahlengebiet 0−10 enthalten.

© Verlag an der Ruhr ▣ Postfach 10 22 51 ▣ 45422 Mülheim an der Ruhr ▣ www.verlagruhr.de ▣ ISBN 978-3-8346-0261-9

Mathematik
Stufe 7

Name: _____

Schuljahr: _____

	Schüler	Pädagoge	IEP/Portfolio
Begriffs- und Zahlenauffassung Zahlenauffassung: Kennt die Zahlen bis 100. Kann Zahlen bis 20 nach gerade und ungerade sortieren. Erkennt Münzen und Scheine und kann sie benennen.			
Rechenarten Kann die Zahlwortreihe bis 100 aufsagen und aufschreiben. Kann in Zehnerschritten vorwärts zählen. Kann in einem Anschauungsmittel wie der Hundertertafel Zahlen auffinden und eintragen. Kann Additionstabellen bis 20 ausfüllen. Kann Subtraktionstabellen bis 20 ausfüllen. Kann halbieren und verdoppeln im Zahlenraum bis 20.			
Geometrische Formen und Maßeinheiten Kennt die Begriffe: *Stunde, Minute, Sekunde.* Weiß, dass gilt: *1 Woche = 7 Tage.* Kann halbe und volle Stunden auf einer analogen Uhr ablesen, einzeichnen und einstellen.			
Anwendung Erfindet eigene Aufgaben.			

☺ = kann, 😐 = auf gutem Weg, ☹ = unsicher

_____   _____
Unterschrift Pädagoge   *Datum*

© Verlag an der Ruhr ▫ Postfach 10 22 51 ▫ 45422 Mülheim an der Ruhr ▫ www.verlagruhr.de ▫ ISBN 978-3-8346-0261-9

Individuelle Entwicklungspläne

Ziele	Kriterien
Begriffs- und Zahlenauffassung Zahlenauffassung: kennt die Zahlen bis 100. Kann Zahlen bis 20 nach gerade und ungerade sortieren.	Du kannst die Zahlen bis 100 aufsagen, und du verstehst, wie sie sich zueinander verhalten, z.B. *89 ist weniger als 98.* Du kannst gerade und ungerade Zahlen mündlich und schriftlich benennen.
Rechenarten Kann die Zahlwortreihe bis 100 aufsagen und aufschreiben. Kann Additionstabellen bis 20 ausfüllen. Kann Subtraktionstabellen bis 20 ausfüllen. Kann halbieren und verdoppeln im Zahlenraum bis 20.	Du kannst bis 100 zählen, und du kannst die Zahlen 0 bis 100 schreiben. Du kannst mit Hilfe von Kopfrechnen Additions- und Subtraktionsaufgaben bis 20 lösen, mündlich und schriftlich, in einer vorgegebenen Zeitspanne. z.B. *Die Hälfte von 18 ist gleich 9.* *Das Doppelte von 8 ist 16.*
Geometrische Formen und Maßeinheiten Kennt die Begriffe: *Stunde, Minute, Sekunde.* Kann halbe und volle Stunden auf einer analogen Uhr ablesen, einzeichnen und einstellen.	Du kannst erklären, was die Begriffe bedeuten. Du kannst die Uhr ablesen und einstellen (ganze und halbe Stunden).
Anwendung Erfindet eigene Aufgaben.	Du kannst Aufgaben zeichnen /konstruieren oder schreiben, die Währungen beinhalten, sowie Additions- und Subtraktionsaufgaben in dem Zahlengebiet 0–20.

© Verlag an der Ruhr ▫ Postfach 10 22 51 ▫ 45422 Mülheim an der Ruhr ▫ www.verlagruhr.de ▫ ISBN 978-3-8346-0261-9

Mathematik
Stufe 8

Name: _____

Schuljahr: _____

	Schüler	Pädagoge	IEP/Portfolio
Begriffs- und Zahlenauffassung Kann die Ordnungszahlen bis 10 nennen. Kann die Monatsnamen aufsagen.			
Rechenarten Kennt den Zahlenraum bis 200. Kann im Zahlenraum bis 200 Nachbarzahlen und Nachbarzehner nennen. Kann bis 100 ohne Zehnerüberschreitung addieren.			
Geometrische Formen und Maßeinheiten Weiß, dass ein Jahr aus zwölf Monaten besteht. Kann auf einer analogen Uhr Viertelstunden ablesen, einzeichnen und einstellen. Zeitberechnung: weiß, dass ein Tag 24 Stunden hat; kann mit ganzen Stunden rechnen. Misst und schätzt *m, cm*.			
Anwendung Erfindet eigene Aufgaben. Kann einen Kalender lesen.			

☺ = kann, 😐 = auf gutem Weg, ☹ = unsicher

_____   _____
Unterschrift Pädagoge   *Datum*

© Verlag an der Ruhr ▪ Postfach 10 22 51 ▪ 45422 Mülheim an der Ruhr ▪ www.verlagruhr.de ▪ ISBN 978-3-8346-0261-9

Individuelle Entwicklungspläne

© Verlag an der Ruhr ▣ Postfach 10 22 51 ▣ 45422 Mülheim an der Ruhr ▣ www.verlagruhr.de ▣ ISBN 978-3-8346-0261-9

Ziele	Kriterien
Begriffs- und Zahlenauffassung Kann die Ordnungszahlen bis 10 nennen. Kann die Monatsnamen aufsagen.	 Du kennst die Ordnungszahlen in richtiger Reihenfolge, und du weißt, was vor oder nach einer Zahl kommt: *Erste, zweite, dritte.* Du kannst die Monatsnamen in richtiger Reihenfolge aufsagen. Du weißt, welcher Monat vor und nach einem bestimmten Monat kommt.
Rechenarten Kennt den Zahlenraum bis 200. Kann im Zahlenraum bis 200 Nachbarzahlen und Nachbarzehner nennen. Kann bis 100 ohne Zehnerüberschreitung addieren.	 Du kannst von 0 bis 200 zählen und die Zahlen von 0 bis 200 schreiben. Du weißt, welche Zahlen vor und nach einer angegebenen Zahl kommen. Du kannst die Additionsaufgaben bis 100 schriftlich mit einer wahlfreien Methode lösen.
Geometrische Formen und Maßeinheiten Zeitberechnung: weiß, dass ein Tag 24 Stunden hat; kann mit ganzen Stunden rechnen.	 Du kannst Zeitberechnungen machen, vorwärts und rückwärts, in 24 Stunden und ganzen Stunden.
Anwendung Erfindet eigene Aufgaben. Kann einen Kalender lesen.	 Du kannst Aufgaben im Zahlenbereich bis 100 ohne Zehnerübergang zeichnen oder schreiben und lösen, die die Einheiten *Meter* und *Zentimeter* enthalten. Du kannst im Kalender lesen und weißt, welches Datum angegeben ist.

Mathematik
Stufe 9

Name: _____

Schuljahr: _____

	Schüler	Pädagoge	IEP/Portfolio
Begriffs- und Zahlenauffassung Kann die Ordnungszahlen bis 20 nennen. Versteht und verwendet das Gleichheitszeichen in mehreren Schritten, z.B. $2 \cdot 3 = 3 + 3 = 6$.			
Rechenarten Kann Additions- und Subtraktions-aufgaben bis 100 mit Zehner-überschreitung lösen. Kann Multiplikationsaufgaben für die Zahlen 1, 2, 5 und 10 ausrechnen.			
Geometrische Formen und Maßeinheiten *Kann Muster fortsetzen.* Kann Uhrzeiten auf einer analogen Uhr lesen, einzeichnen und einstellen. Misst, schätzt und wiegt *1 Liter* und *1 Kilogramm*.			
Anwendung Kann eigene Aufgaben erfinden und die anderer lösen.			

☺ = kann, 😐 = auf gutem Weg, ☹ = unsicher

Unterschrift Pädagoge _Datum_

© Verlag an der Ruhr ▪ Postfach 10 22 51 ▪ 45422 Mülheim an der Ruhr ▪ www.verlagruhr.de ▪ ISBN 978-3-8346-0261-9

Individuelle Entwicklungspläne

Ziele	Kriterien
Begriffs- und Zahlenauffassung Versteht und verwendet das Gleichheitszeichen in mehreren Schritten.	Du weißt, dass gilt: 2 · 3 = 3 + 3 = 6
Rechenarten Kann Additions- und Subtraktionsaufgaben bis 100 mit Zehnerüberschreitung lösen.	Du löst Additions- und Subtraktionsaufgaben bis 100 mit Zehnerübergang durch eine wahlfreie Methode (nicht Taschenrechner); z.B. Kopfrechnen, Zwischenglieder, Algorithmen (Aufstellung).
Kann Multiplikationsaufgaben für die Zahlen 1, 2, 5 und 10 ausrechnen.	Du kannst eine beliebig ausgewählte Aufgabe der Reihen der 1, 2, 5 und 10 lösen.
Geometrische Formen und Maßeinheiten *Kann Muster fortsetzen.*	Du kannst eine Kette von Figuren erkennen, die ein Muster bilden (Bildsequenz) und du kannst selbst weiter daran arbeiten.
Kann Uhrzeiten an einer analogen Uhr ablesen, einstellen und einzeichnen.	Du kannst die Zeit analog angeben; z.B. Es ist *fünf vor halb elf.*
Misst, schätzt und wiegt *1 Liter* und *1 Kilogramm.*	Du kannst messen, wiegen, schätzen und rechnen in ganzen Litern und Kilogramm.
Anwendung Kann eigene Aufgaben erfinden und die anderer lösen.	Du kannst, ausgehend von vorgegebenen Zahlen oder Aufgaben, eigene Aufgaben erfinden.

© Verlag an der Ruhr ▫ Postfach 10 22 51 ▫ 45422 Mülheim an der Ruhr ▫ www.verlagruhr.de ▫ ISBN 978-3-8346-0261-9

Mathematik
Stufe 10

Name: _____

Schuljahr: _____

	Schüler	Pädagoge	IEP/Portfolio
Begriffs- und Zahlenauffassung Zahlenauffassung: kennt die Zahlen bis 1000. Kann im Zahlenraum bis 1000 auf- und abrunden zum nächsten Zehner.			
Rechenarten Zählt bis 1000. Kann sich in Anschauungsmitteln wie der Hundertertafel oder der Tausendertafel orientieren. Kann Additions- und Subtraktionsrechnung bis 200 mit Zehnerüberschreitung lösen. Kann die Multiplikationsaufgaben der 3er- und 4er Reihe ausrechnen.			
Geometrische Formen und Maßeinheiten Kennt den Begriff: *Umfang.* Berechnet den Umfang. Misst, rechnet und schätzt *dm, dl.*			
Anwendung *Erstellt ein einfaches Säulendiagramm.* Liest einfache Tabellen ab. Kann einem einfachen Zahlenstrahl Informationen entnehmen. Liest das Thermometer ab. Kann Geld wechseln bis 100.			

☺ = kann, ☺ = auf gutem Weg, ☹ = unsicher

_____   _____
Unterschrift Pädagoge   *Datum*

© Verlag an der Ruhr ▣ Postfach 10 22 51 ▣ 45422 Mülheim an der Ruhr ▣ www.verlagruhr.de ▣ ISBN 978-3-8346-0261-9

Individuelle Entwicklungspläne

Ziele	Kriterien
Begriffs- und Zahlenauffassung Zahlenauffassung: Kennt die Zahlen bis 1000.	Du kannst die Zahlen bis 1000 benennen, und du verstehst, wie sie sich zueinander verhalten; z.B. *789 ist weniger als 987.*
Kann im Zahlenraum bis 1000 auf- und abrunden zum nächsten Zehner.	Du kannst zum nächsten Zehner auf- und abrunden im Zahlenraum 0–1000 (z.B. 168 zu 170).
Rechenarten Zählt bis 1000.	Du kennst den Wert der Zahlen bis 1000.
Kann Additions- und Subtraktionsaufgaben bis 200 mit Zehnerüberschreitung lösen.	Du löst Additions- und Subtraktionsaufgaben bis 200 mit Zehnerübergang mit einer wahlfreien Methode (kein Taschenrechner). z.B. Kopfrechnen, Zwischenglieder, Algorithmen.
Kann die Multiplikationsaufgaben der 3er- und 4er Reihe ausrechnen.	Du kannst zufällig ausgewählte Multiplikationsaufgaben aus der 3er- und 4er Reihe verstehen und lösen.
Geometrische Formen und Maßeinheiten Berechnet den Umfang.	Du kannst den Umfang von verschiedenen Vielecken berechnen.
Misst, rechnet und schätzt *dm, dl.*	Du kannst mit den Einheiten *Dezimeter* und *Deziliter* messen, schätzen und rechnen.
Anwendung *Erstellt ein einfaches Säulendiagramm.*	Ausgehend von einer Untersuchung erstellst du ein einfaches Säulendiagramm.
Liest einfache Tabellen ab.	z.B. eine Gebührentabelle der Post.
Liest das Thermometer ab.	Du kannst auf einem analogen Thermometer die Temperatur ablesen, Plus- und Minusgrade.
Kann Geld wechseln bis 100.	Du kannst alle Münzen und Scheine anwenden, um einen Betrag bis 100 Euro zu wechseln.

© Verlag an der Ruhr ▣ Postfach 10 22 51 ▣ 45422 Mülheim an der Ruhr ▣ **www.verlagruhr.de** ▣ ISBN 978-3-8346-0261-9

Name: _____

Schuljahr: _____

	Schüler	Pädagoge	IEP/Portfolio
Begriffs- und Zahlenauffassung Kennt die Begriffe: *Addition, addieren, Subtraktion, subtrahieren.* Kann auf glatte Hunderter aufrunden.			
Rechenarten Beherrscht die Hauptrechenstrategien bei Addition und Subtraktion.			
Geometrische Formen und Maßeinheiten Kennt die folgenden Zuordnungen: • *1 Jahr = 365/366 Tage.* • *1 Jahr = 52 Wochen.* • *Tag und Nacht = 24 Stunden.* Kennt die Begriffe: *km, Meile.* Wiegt und schätzt Gramm. Kann die Umwandlung von *m, dm, cm.*			
Anwendung Kann mehrere Rechenwege bei derselben Aufgabe anwenden.			

☺ = kann, 😐 = auf gutem Weg, ☹ = unsicher

_____   _____
Unterschrift Pädagoge   *Datum*

© Verlag an der Ruhr ▫ Postfach 10 22 51 ▫ 45422 Mülheim an der Ruhr ▫ www.verlagruhr.de ▫ ISBN 978-3-8346-0261-9

Individuelle Entwicklungspläne

Ziele	Kriterien
Begriffs- und Zahlenauffassung Kennt die Begriffe: *Addition, addieren, Subtraktion, subtrahieren.* Kann auf glatte Hunderter aufrunden.	Du weißt, was die Wörter bedeuten. Du kannst auf- und abrunden zum nächsten Hunderter im Zahlenraum 1 – 1 000, z.B. *567 zu 600.*
Rechenarten Beherrscht die Hauptrechenstrategien bei Addition und Subtraktion.	Du kennst verschiedene Strategien der Kopfrechnung und kannst sie anwenden.
Geometrische Formen und Maßeinheiten Kann die Umwandlung von *m, dm, cm.*	z.B. *5 m = 500 cm, 20 dm = 2 m.*

© Verlag an der Ruhr ▫ Postfach 10 22 51 ▫ 45422 Mülheim an der Ruhr ▫ www.verlagruhr.de ▫ ISBN 978-3-8346-0261-9

Mathematik
Stufe 12

Name: _____

Schuljahr: _____

	Schüler	Pädagoge	IEP/Portfolio
Begriffs- und Zahlenauffassung Zahlenauffassung: kennt die Zahlen bis 10 000. Kennt die Begriffe: *Division, dividieren, Multiplikation, multiplizieren.* Kann auf- und abrunden auf 10 000.			
Rechenarten Kann Additions- und Subtraktionsaufgaben bis 10 000 lösen. Kann das kleine Einmaleins. Beherrscht die Division als Umkehrung der Multiplikation.			
Geometrische Formen und Maßeinheiten Digitale Uhr: Kann volle und halbe Stunden in der digitalen Schreibweise angeben. Zeitberechnung: Kann in halbstündlichen Schritten Zeiträume berechnen. Kann in Monatsschritten Zeiträume berechnen. Schätzt und rechnet in der Maßeinheit *Tonne (t).* Wandelt um: *l (Liter), dl.*			
Anwendung *Kann Problemlösungen in komplexen Aufgabenstellungen finden.*			

☺ = kann, 😐 = auf gutem Weg, ☹ = unsicher

_____ _____
Unterschrift Pädagoge   *Datum*

© Verlag an der Ruhr ▫ Postfach 10 22 51 ▫ 45422 Mülheim an der Ruhr ▫ www.verlagruhr.de ▫ ISBN 978-3-8346-0261-9

Individuelle Entwicklungspläne

Ziele	Kriterien
Begriffs- und Zahlenauffassung Zahlenauffassung: Kennt die Zahlen bis 10 000.	Du kannst die Zahlen bis 10 000 benennen, und du verstehst, wie sie sich zueinander verhalten, z.B. *6 789 ist kleiner als 9 876.*
Kennt die Begriffe: *Division, dividieren, Multiplikation, multiplizieren.*	Du weißt, was die Wörter bedeuten.
Kann auf- und abrunden auf 10 000.	Du kannst auf- und abrunden zum nächsten Tausender im Zahlengebiet 1–10 000.
Rechenarten Kann Additions- und Subtraktionsaufgaben im Zahlenraum bis 10 000 lösen.	Du kannst Additions- und Subtraktionsaufgaben im Zahlenraum von 0–10 000 lösen. z.B. *872 + 989, 6 032 − 5 245, 853 − 785.*
Kann das kleine Einmaleins.	Du kannst zufällig ausgewählte Multiplikationsaufgaben mit Hilfe des kleinen Einmaleins lösen.
Beherrscht die Division als Umkehrung der Multiplikation.	Du verstehst, dass die Division die Umkehrung der Multiplikation ist, und rechnest Aufgaben wie *63 : 7 = 9, denn 9 · 7 = 63.*
Geometrische Formen und Maßeinheiten Digitale Uhr: Kann volle und halbe Stunden in der digitalen Schreibweise angeben.	Du kannst Uhrzeiten in der digitalen Schreibweise angeben, z.B. *9.30 h; Es ist neun Uhr dreißig.*
Zeitberechnung: Kann in halbstündlichen Schritten Zeiträume berechnen.	Du kannst die Zeit in halbstündlichen Schritten vorwärts und rückwärts berechnen.
Kann in Monatsschritten Zeiträume berechnen.	Du kannst die Zeit in Monatsschritten vorwärts und rückwärts berechnen.
Schätzt und rechnet in der Maßeinheit *Tonne (t).*	Du kannst Gegenstände/Tiere aufzählen, die ungefähr eine Tonne wiegen.
Wandelt um: *l (Liter), dl.*	Du kannst umrechnen: Liter, Deziliter, z.B. *3 Liter = 30 dl; 50 dl = 5 Liter.*
Anwendung *Kann Problemlösungen in komplexen Aufgabenstellungen finden.*	Du kannst Aufgaben lösen, bei denen du in mehreren Schritten rechnen und verschiedene Rechenarten anwenden musst.

© Verlag an der Ruhr ▣ Postfach 10 22 51 ▣ 45422 Mülheim an der Ruhr ▣ www.verlagruhr.de ▣ ISBN 978-3-8346-0261-9

Mathematik
Stufe 13

Name: _____

Schuljahr: _____

	Schüler	Pädagoge	IEP/Portfolio
Begriffs- und Zahlenauffassung Kennt die Begriffe: *Term, Summe* und *Differenz*.			
Rechenarten Kann bis 100 000 zählen.			
Geometrische Formen und Maßeinheiten Kennt die Einteilung: • *1 Jahr = 4 Quartale,* • *1 Quartal = 3 Monate.* Digitale Uhr: Kann Viertelstunden in der digitalen Schreibweise angeben. Zeitberechnung: Kann Zeiträume in Viertelstunden berechnen. Kann Zeiträume in Jahren berechnen. Kann in der Maßeinheit *Millimeter (mm)* messen, schätzen und rechnen. Skala: kann geometrische Figuren vergrößern (2:1) und verkleinern (1:2), verwendet dabei ganze cm.			
Anwendung Beherrscht verschiedene Aufgabenstellungen aus dieser Stufe sicher.			

☺ = kann, 😐 = auf gutem Weg, ☹ = unsicher

Unterschrift Pädagoge   _Datum_

© Verlag an der Ruhr ▫ Postfach 10 22 51 ▫ 45422 Mülheim an der Ruhr ▫ www.verlagruhr.de ▫ ISBN 978-3-8346-0261-9

Individuelle Entwicklungspläne

© Verlag an der Ruhr ▫ Postfach 10 22 51 ▫ 45422 Mülheim an der Ruhr ▫ www.verlagruhr.de ▫ ISBN 978-3-8346-0261-9

Ziele	Kriterien
Begriffs- und Zahlenauffassung Kennt die Begriffe: *Term, Summe* und *Differenz.*	Du kennst die Begriffe *Term, Summe* und *Differenz* und kannst entsprechende Aufgaben lösen.
Rechenarten Kann bis 100 000 zählen.	Du kannst bis 100 000 zählen.
Geometrische Formen und Maßeinheiten Kennt die Einteilung: *1 Jahr = 4 Quartale 1 Quartal = 3 Monate.*	Du weißt, dass ein Jahr vier Quartale hat und ein Quartal aus drei Monaten besteht.
Digitale Uhr: Kann ganze und halbe Stunden in der digitalen Schreibweise angeben.	Du kannst Uhrzeiten viertelstundenweise in der digitalen Formulierung und Schreibweise angeben, z.B. *9:15h; Es ist neun Uhr fünfzehn.*
Zeitberechnung: Kann Zeiträume in Viertelstunden berechnen.	Du kannst Zeiträume vorwärts und rückwärts in Viertelstunden berechnen.
Kann Zeiträume in Jahren berechnen.	Du kannst Zeiträume vorwärts und rückwärts in Jahren berechnen.
Skala: kann geometrische Figuren vergrößern (2:1) und verkleinern (1:2) in cm.	Du kannst auf 1cm-Karopapier geometrische Figuren vergrößern und verkleinern.

Name: _____

Schuljahr: _____

	Schüler	Pädagoge	IEP/Portfolio
Begriffs- und Zahlenauffassung Kennt die Begriffe: *Faktor, Zähler, Nenner* und *Quotient.* Kann Zahlen mit Kommastellen zu ganzen Zahlen auf- und abrunden. Kennt die Begriffe *Jahrzehnt* und *Jahrhundert.*			
Rechenarten Kann Additions- und Subtraktionsaufgaben mit Dezimalstellen lösen. Kann Multiplikationsaufgaben mit den Faktoren 10, 100 und 1000 lösen. Kann Divisionsaufgaben mit den Divisoren 10, 100 und 1000 lösen.			
Geometrische Formen und Maßeinheiten Erkennt, zeichnet und benennt: *Linie, Strecke, spitzer, stumpfer* und *rechter Winkel.* Kann den Umfang eines Dreiecks und die Winkelsumme berechnen. Kann die Flächeninhalte von Rechtecken berechnen.			
Anwendung Kann den Mittelwert zweier Zahlen angeben. Kann Tabellen ablesen.			

☺ = kann, ☺ = auf gutem Weg, ☹ = unsicher

_____ _____
Unterschrift Pädagoge *Datum*

© Verlag an der Ruhr ▢ Postfach 10 22 51 ▢ 45422 Mülheim an der Ruhr ▢ www.verlagruhr.de ▢ ISBN 978-3-8346-0261-9

Ziele	Kriterien
Begriffs- und Zahlenauffassung	
Kennt die Begriffe: *Faktor, Zähler, Nenner* und *Quotient*.	Du kennst die Begriffe und kannst entsprechende Aufgaben lösen.
Kann Zahlen mit Kommastellen zu ganzen Zahlen auf- und abrunden.	Du kannst Kommazahlen auf- und abrunden, z.B. *5,72 ≈ 6*.
Kennt die Begriffe *Jahrzehnt* und *Jahrhundert*.	Du weißt, wie viele Jahre ein Jahrzehnt und ein Jahrhundert umfassen.
Rechenarten	
Kann Additions- und Subtraktionsaufgaben mit Dezimalstellen lösen.	Du kannst Aufgaben mit gleich vielen Stellen hinter dem Komma lösen, z.B. *23,54 + 5,23 = 28,77*
Kann Multiplikationsaufgaben mit den Faktoren 10, 100 und 1000 lösen.	z.B. $18 \cdot 10 = 180$; $18 \cdot 100 = 1\,800$; $18 \cdot 1000 = 18\,000$.
Kann Divisionsaufgaben mit den Divisoren 10, 100 und 1000 lösen.	z.B. $180 : 10 = 18$; $1800 : 100 = 18$; $18\,000 : 1000 = 18$
Geometrische Formen und Maßeinheiten	
Erkennt, zeichnet und benennt: *Linie, Strecke, spitzer, stumpfer und rechter Winkel, Winkelschenkel* und *Winkelspitze*.	Du kannst einen Winkel zeichnen und die Begriffe anwenden.
Kann Winkel messen.	Du kannst mit einem Winkelmesser die Winkel messen.
Kann den Umfang eines Dreiecks und die Winkelsumme berechnen.	Du kannst verschiedene Dreiecke zeichnen und deren Umfang und Winkelsumme berechnen.
Kann den Flächeninhalt von Rechtecken berechnen.	Du kannst Rechtecke zeichnen und deren Flächeninhalt berechnen.
Anwendung	
Kann den Mittelwert zweier Zahlen angeben.	Du kannst, ausgehend von vorgegebenen Aufgaben, den Mittelwert berechnen.
Kann Tabellen ablesen.	Du kannst z.B. einen Bus- oder Zugfahrplan lesen.

© Verlag an der Ruhr ▫ Postfach 10 22 51 ▫ 45422 Mülheim an der Ruhr ▫ www.verlagruhr.de ▫ ISBN 978-3-8346-0261-9

Englisch
Stufe 1

Name: _____

Schuljahr: _____

	Schüler	**Pädagoge**	**IEP/Portfolio**
Sprechen Kann Reime und Lieder nachahmen. Kann einfache Wörter und Phrasen sagen. Kann bis 20 zählen. Kann grüßen, seinen Namen sagen und über sich selbst berichten.			
Hörverständnis Versteht einfache Reime und Dialoge. Versteht einfache Erzählungen. Kann einfache Aufforderungen verstehen und ausführen.			
Lesen Liest einfache Wörter und Phrasen.			

☺ = kann, ☻ = auf gutem Weg, ☹ = unsicher

_____   _____
Unterschrift Pädagoge   *Datum*

© Verlag an der Ruhr ▪ Postfach 10 22 51 ▪ 45422 Mülheim an der Ruhr ▪ www.verlagruhr.de ▪ ISBN 978-3-8346-0261-9

Individuelle Entwicklungspläne

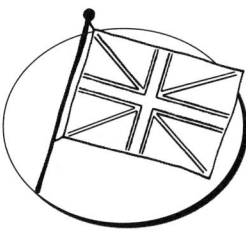

Ziele	Kriterien
Sprechen	
Kann Reime und Lieder nachahmen.	Du kannst die Wörter deutlich aussprechen.
Kann einfache Wörter und Phrasen sagen.	Du kennst die englischen Bezeichnungen für einige Farben und die Bezeichnungen von einigen Gegenständen, z.B. *red, book, dog* und einfache Phrasen, z.B. *My name is …*
Kann bis 20 zählen.	Du kannst die Zahlen deutlich aussprechen.
Kann grüßen, seinen Namen sagen und über sich selbst berichten.	Du wendest *I am* und *I have* in Sätzen an.
Hörverständnis	
Versteht einfache Reime und Dialoge. Versteht einfache Erzählungen.	Du kannst mit Körpersprache und mit Worten zeigen, dass du den Inhalt verstehst.
Kann einfache Aufforderungen verstehen und ausführen.	z.B. *Come in please!*
Lesen	
Liest einfache Wörter und Phrasen.	z.B. *dog, cat, sun, I have a dog.*

© Verlag an der Ruhr ▪ Postfach 10 22 51 ▪ 45422 Mülheim an der Ruhr ▪ www.verlagruhr.de ▪ ISBN 978-3-8346-0261-9

Englisch
Stufe 2

Name: _____

Schuljahr: _____

	Schüler	Pädagoge	IEP/Portfolio
Sprechen Kann Wochentage, Monate und Jahreszeiten benennen. Kann einige Körperteile benennen. Kann über seine Familie berichten. Kann zu einem Bild erzählen. Kann einen einfachen Dialog vorspielen.			
Hörverständnis Versteht kurze Dialoge. Versteht einfache Liedtexte. Versteht Instruktionen. Kann einer Erzählung zuhören und versteht ihren Inhalt.			
Lesen Kann kurze Sätze lesen. Kann kurze, einfache Texte mit Bildern lesen.			
Schreiben Kann einfache Wörter schreiben.			

☺ = kann, ☺ = auf gutem Weg, ☹ = unsicher

_____
Unterschrift Pädagoge

_____
Datum

© Verlag an der Ruhr ▣ Postfach 10 22 51 ▣ 45422 Mülheim an der Ruhr ▣ www.verlagruhr.de ▣ ISBN 978-3-8346-0261-9

Individuelle Entwicklungspläne

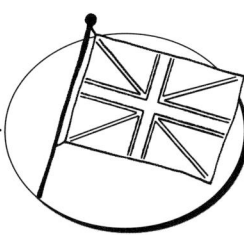

© Verlag an der Ruhr □ Postfach 10 22 51 □ 45422 Mülheim an der Ruhr □ www.verlagruhr.de □ ISBN 978-3-8346-0261-9

Ziele	Kriterien
Sprechen	
Kann Wochentage, Monate und Jahreszeiten benennen.	Du kannst die Wochentage und Monate in der richtigen Reihenfolge benennen und kennst die englischen Bezeichnungen für die Jahreszeiten.
Kann über seine Familie berichten.	Du verwendest z.B. *he is, she is, it is, we are, you are, they are, he has, she has.*
Kann zu einem Bild erzählen.	Du wendest *I can see, there is, there are* an und sprichst so, dass die anderen dich verstehen können.
Kann einen einfachen Dialog vorspielen.	Du kannst zusammen mit einem anderen Mitschüler einen vorgegebenen Dialog vorführen.
Hörverständnis	
Versteht kurze Dialoge.	Du kannst Fragen beantworten, die sich auf den Inhalt des Dialogs beziehen.
Versteht einfache Liedtexte.	Du kannst z.B. mit Körpersprache oder mit Worten zeigen, dass du den Liedertext verstanden hast.
Versteht Instruktionen.	Du führst die Anweisungen aus, die du bekommst.
Kann einer Erzählung zuhören und versteht ihren Inhalt.	Du zeigst z.B. mit Worten oder Bildern, dass du die Erzählung verstanden hast.
Lesen	
Kann kurze Sätze lesen.	z.B. *I like football.*
Kann kurze einfache Texte mit Bildern lesen.	Du verstehst was du liest.
Schreiben	
Kann einfache Wörter schreiben.	Die Wörter sollen richtig geschrieben sein.

Englisch
Stufe 3

Name: _____

Schuljahr: _____

	Schüler	Pädagoge	IEP/Portfolio
Sprechen Kann einen einfachen Text vortragen. Kann über einen Tag berichten. Kann über seine Interessen berichten. Kann eine Person, ein Tier oder eine Sache beschreiben.			
Hörverständnis Versteht die gesprochene Sprache in bekannten Alltagssituationen. Versteht den Inhalt einer Kindersendung. Versteht eine einfache Erzählung.			
Lesen Liest einfache Texte, die für Kinder geschrieben sind. Kann kurze Mitteilungen lesen. Liest und versteht einfache Instruktionen.			
Schreiben Kann kurze Mitteilungen schreiben. *Kann einige Sätze über sich selbst schreiben.* Kann eine Postkarte schreiben.			

☺ = kann, 😐 = auf gutem Weg, ☹ = unsicher

_____ _____
Unterschrift Pädagoge *Datum*

© Verlag an der Ruhr ▫ Postfach 10 22 51 ▫ 45422 Mülheim an der Ruhr ▫ www.verlagruhr.de ▫ ISBN 978-3-8346-0261-9

Individuelle Entwicklungspläne

© Verlag an der Ruhr ▪ Postfach 10 22 51 ▪ 45422 Mülheim an der Ruhr ▪ www.verlagruhr.de ▪ ISBN 978-3-8346-0261-9

Ziele	Kriterien
Sprechen	
Kann einen einfachen Text vortragen.	Du kannst mit deutlicher Aussprache einen vorbereiteten Text vortragen, vorlesen oder wiedererzählen.
Kann über einen Tag berichten.	Du kannst über einen gewöhnlichen Tag berichten, im Präsens (Gegenwart).
Kann über seine Interessen berichten.	Du berichtest über etwas, was dich interessiert, so, dass andere dich verstehen.
Kann eine Person, ein Tier oder eine Sache beschreiben.	Du verwendest Adjektive, z.B. *nice,* in deiner Beschreibung.
Hörverständnis	
Versteht die gesprochene Sprache in bekannten Alltagssituationen.	Du verstehst einzelne Wörter und erkennst das Gesprächsthema, wenn du andere sprechen hörst.
Versteht den Inhalt in einer Kindersendung.	Du verstehst den Inhalt und kannst einfache Fragen zum Inhalt beantworten.
Versteht eine einfache Erzählung.	Du kannst z.B. über die Erzählung sprechen, Fragen zum Inhalt beantworten oder deren Handlung illustrieren.
Lesen	
Liest einfache Texte, die für Kinder geschrieben sind.	Du liest und zeigst, dass du den Text verstanden hast, indem du Fragen beantwortest, zeichnest oder ein Cluster erstellst.
Kann kurze Mitteilungen lesen.	Du liest und verstehst einfache Mitteilungen, z.B. *Call me when you get back.*
Liest und versteht einfache Instruktionen.	Du verstehst eine Anweisung und führst sie aus, z.B. *Draw in your book!*
Schreiben	
Kann kurze Mitteilungen schreiben.	z.B. *Please call me!*
Kann einige Sätze über sich selbst schreiben.	z.B. *My name is …, I live in …, I have a …*
Kann eine Postkarte schreiben.	Die Postkarte enthält einige Sätze, der korrekte Satzbau ist nicht erforderlich.

Englisch
Stufe 4

Name: _____

Schuljahr: _____

	Schüler	Pädagoge	IEP/Portfolio
Sprechen Kann über selbst Gesehenes, Gelesenes oder Gehörtes berichten. Kann in bekannten Alltagssituationen an einfachen Gesprächen teilnehmen. Kann bis hundert zählen und rechnen. Kennt die Uhr und verschiedene Zeitbegriffe. Kann über ein Ereignis sprechen.			
Hörverständnis Versteht die Information von verschieden, Englisch sprechenden Personen.			
Lesen Kann einen einfachen Sachtext lesen. Liest einfache literarische Texte.			
Schreiben *Kann einen kurzen Brief schreiben.* Kann einen kurzen Sachtext schreiben.			

☺ = kann, 😐 = auf gutem Weg, ☹ = unsicher

Unterschrift Pädagoge   _Datum_

© Verlag an der Ruhr ▫ Postfach 10 22 51 ▫ 45422 Mülheim an der Ruhr ▫ www.verlagruhr.de ▫ ISBN 978-3-8346-0261-9

Individuelle Entwicklungspläne

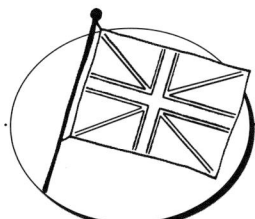

© Verlag an der Ruhr ▫ Postfach 10 22 51 ▫ 45422 Mülheim an der Ruhr ▫ www.verlagruhr.de ▫ ISBN 978-3-8346-0261-9

Ziele	Kriterien
Sprechen Kann über selbst Gesehenes, Gelesenes oder Gehörtes berichten. Kann in bekannten Alltagssituationen an einfachen Gesprächen teilnehmen. Kann bis hundert zählen und rechnen. Kennt die Uhr und verschiedene Zeitbegriffe. Kann über ein Ereignis sprechen.	Du kannst mit Hilfe von Stichpunkten, einem Bild oder Cluster etwas nacherzählen. Du stellst und beantwortest Fragen, z.B. *Do you …?, Can you …?, Are you?* Du führst ein Gespräch, z.B. über Freunde, Freizeit, Fernsehen oder Interessen. Du sprichst die Zahlen deutlich aus. Du kannst Fragen nach der Uhrzeit beantworten und einfache Zeitbegriffe anwenden, z.B. *yesterday, last week.* Du kannst z.B. *I was, I had, I played* anwenden
Hörverständnis Versteht die Informationen von verschiedenen Englisch sprechenden Personen.	z.B. Mitteilungen auf dem Telefonbeantworter, Auskunft, wann Züge fahren.
Lesen Kann einen einfachen Sachtext lesen. Liest einfache literarische Texte.	Du liest und verstehst fast alles vom Inhalt. Du liest und verstehst den Text so, dass du den Inhalt jemand anderem nacherzählen kannst.
Schreiben *Kann einen kurzen Brief schreiben.* Kann einen kurzen Sachtext schreiben.	Dein Brief enthält Datum, Anrede und Gruß, verständliche Sätze und eine Unterschrift. Du schreibst einen Text, z.B. mit Unterstützung von Bildern oder mit Hilfe eines Wörterbuchs, der von anderen verstanden werden kann.

Englisch
Stufe 5

Name: _____

Schuljahr: _____

	Schüler	Pädagoge	IEP/Portfolio
Sprechen Kann ein Buch, einen längeren Text, einen Film, ein Theaterstück oder Ähnliches nacherzählen. Kann verschiedene Eigenschaften bei einer Person, einem Tier oder einer Sache vergleichen. Kennt die Ordnungszahlen. Kann mit anderen Informationen austauschen.			
Hörverständnis Versteht, wenn jemand Englisch spricht.			
Lesen Kann einen längeren Text lesen.			
Schreiben Kann über ein Buch oder einen längeren Text schreiben. *Kann über eigene Erlebnisse schreiben.*			
Landeskunde Weiß etwas über das Alltagsleben in den englischsprachigen Ländern.			

☺ = kann, ☺ = auf gutem Weg, ☹ = unsicher

_____   _____
Unterschrift Pädagoge   *Datum*

© Verlag an der Ruhr ▪ Postfach 10 22 51 ▪ 45422 Mülheim an der Ruhr ▪ www.verlagruhr.de ▪ ISBN 978-3-8346-0261-9

Individuelle Entwicklungspläne

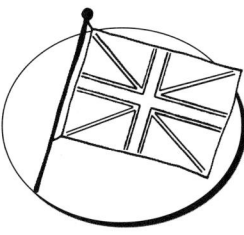

© Verlag an der Ruhr ☐ Postfach 10 22 51 ☐ 45422 Mülheim an der Ruhr ☐ www.verlagruhr.de ☐ ISBN 978-3-8346-0261-9

Ziele	Kriterien
Sprechen Kann ein Buch, einen längeren Text, einen Film, ein Theaterstück oder Ähnliches nacherzählen.	Du kannst den Inhalt im Präteritum (Vergangenheit) nacherzählen und deine Meinung über den Text sagen.
Kann verschiedene Eigenschaften bei einer Person, einem Tier oder einer Sache vergleichen.	Du kannst Adjektive steigern, z.B. *small, smaller, the smallest; beautiful, more beautiful, the most beautiful.*
Kennt die Ordnungszahlen.	Du kannst die Ordnungszahlen von eins bis einunddreißig, z.B. *first, second, third, fourth …*
Kann mit anderen Informationen austauschen.	Du kannst fragen oder die Auskunft geben, wie man an einen bestimmten Ort kommen kann, was etwas kostet, wann etwas stattfindet. Du kannst etwas zum Essen und Trinken bestellen und Höflichkeitsphrasen gebrauchen, wie *Excuse me, please, thank you, you're welcome.*
Hörverständnis Versteht, wenn jemand Englisch spricht.	Du verstehst, wenn jemand einen Text nacherzählt.
Lesen Kann einen längeren Text lesen.	Du liest, verstehst den Inhalt und kannst Teile vom Text laut und deutlich lesen, sodass andere dich gut verstehen.
Schreiben Kann über ein Buch oder einen längeren Text schreiben.	z.B. eine Reflexion, eine Nacherzählung. Du überarbeitest deinen Text so, dass die Rechtschreibung stimmt und eine Englisch sprechende Person ihn verstehen kann. Du darfst Hilfsmittel benutzen, z.B. das Wörterbuch für die Rechtschreibung.
Kann über eigene Erlebnisse schreiben.	z.B. über eine Reise, einen Film, den du gesehen hast, oder ein Ereignis.

Englisch
Stufe 6

Name: _____

Schuljahr: _____

	Schüler	**Pädagoge**	**IEP/Portfolio**
Sprechen Kennt das Alphabet. Kann Wünsche und Ansichten äußern. Kann über ein Ereignis sprechen.			
Hörverständnis Kann bei Erzählungen und Beschreibungen zuhören und sie verstehen.			
Lesen Liest Texte verschiedener Genres.			
Schreiben *Kann einen Erzähltext schreiben.* *Kann einen Sachtext schreiben.*			

☺ = kann, 😐 = auf gutem Weg, ☹ = unsicher

_____ _____
Unterschrift Pädagoge *Datum*

© Verlag an der Ruhr ▫ Postfach 10 22 51 ▫ 45422 Mülheim an der Ruhr ▫ www.verlagruhr.de ▫ ISBN 978-3-8346-0261-9

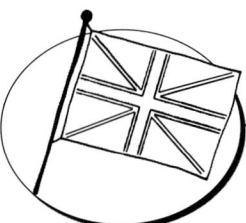

Ziele	Kriterien
Sprechen	
Kennt das Alphabet.	Du sprichst die Buchstaben deutlich aus. Du kannst auch für einen anderen buchstabieren. Du kannst z.B. die phonetische Schrift zur Hilfe nehmen.
Kann Wünsche und Ansichten äußern.	Du kannst Ausdrücke verwenden, wie *I think that …, I believe …, In my opinion …*
Kann über ein Ereignis sprechen.	Du wendest Futur (Zukunft) an, um zu berichten, was geschehen wird und wann es geschieht, z.B. *I will go, We will meet.*
Hörverständnis	
Kann bei Erzählungen und Beschreibungen zuhören und sie verstehen.	Du verstehst sie so, dass du den Inhalt nacherzählen und erläutern kannst.
Lesen	
Liest Texte verschiedener Genres.	Du verstehst den Inhalt und kannst ihn wiedergeben. Du kannst eigene Rückschlüsse ziehen, ausgehend vom Text, indem du z.B. Fragen zum Text beantwortest, wobei die Antwort nicht direkt im Text zu finden ist.
Schreiben	
Kann einen Erzähltext schreiben.	Der Text hat einen deutlichen Beginn, eine Handlung und einen Abschluss.
Kann einen Sachtext schreiben.	Der Text handelt von etwas, über das du selbst die Fakten herausgesucht hast.

© Verlag an der Ruhr ▯ Postfach 10 22 51 ▯ 45422 Mülheim an der Ruhr ▯ www.verlagruhr.de ▯ ISBN 978-3-8346-0261-9

Englisch
Stufe 7

Name: _____

Schuljahr: _____

	Schüler	Pädagoge	IEP/Portfolio
Sprechen Nimmt aktiv an Gesprächen teil und kann Fragen stellen und beantworten. Kann Gefühle ausdrücken.			
Hörverständnis Versteht längere Texte und Dialoge.			
Lesen *Liest und versteht den Inhalt von Texten verschiedener Genres.* Kann verschiedene Hilfsmittel beim Lesen und Verstehen wählen und anwenden.			
Schreiben Schreibt Erzähltexte.			
Landeskunde Weiß etwas über das Alltagsleben englischsprachiger Länder und Menschen.			

☺ = kann, ☺ = auf gutem Weg, ☹ = unsicher

_____ _____
Unterschrift Pädagoge *Datum*

© Verlag an der Ruhr ▪ Postfach 10 22 51 ▪ 45422 Mülheim an der Ruhr ▪ www.verlagruhr.de ▪ ISBN 978-3-8346-0261-9

Individuelle Entwicklungspläne

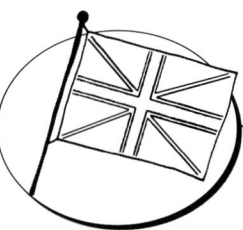

© Verlag an der Ruhr ▫ Postfach 10 22 51 ▫ 45422 Mülheim an der Ruhr ▫ www.verlagruhr.de ▫ ISBN 978-3-8346-0261-9

Ziele	Kriterien
Sprechen Nimmt aktiv an Gesprächen teil und kann Fragen stellen und beantworten. Kann Gefühle ausdrücken.	Du kannst verschiedene Strategien verwenden, wenn der Wortschatz nicht ausreicht, z.B. die Körpersprache oder verschiedene Wörter zur Erklärung. Du kannst über deine Gefühle sprechen, wenn du z.B. froh, wütend, müde, erstaunt und ängstlich bist.
Hörverständnis Versteht längere Texte und Dialoge.	z.B. Liedtexte, Dialoge von Film und Fernsehen.
Lesen *Liest und versteht den Inhalt von Texten verschiedener Genres.* Kann verschiedene Hilfsmittel beim Lesen und Verstehen wählen und anwenden.	z.B. die Fakten in Zeitungen, Büchern, Internet. Du verstehst den Text und denkst über die Botschaft des Textes und dessen Wahrheitsgehalt nach. z.B. Wörterbuch, Computerprogramm.
Schreiben Schreibt Erzähltexte.	Die Texte sind inhaltsreich, und du bemühst dich, sprachlich korrekt zu schreiben.
Landeskunde Weiß etwas über das Alltagsleben englischsprachiger Länder und Menschen.	Du bearbeitest Fakten, indem du z.B. verschiedene Länder und Kulturen miteinander vergleichst.

Englisch
Stufe 8

Name: _____

Schuljahr: _____

	Schüler	Pädagoge	IEP/Portfolio
Sprechen Kann über etwas Gehörtes, Gelesenes oder Gesehenes berichten. Kann im Gespräch seine Meinung sagen und vertreten. Kann eine Instruktion erteilen. Kann Informationen einholen.			
Hörverständnis Erkennt deutlich gesprochene Sprache in verschiedenen Zusammenhängen ohne Vorbereitung. Kann eine Instruktion verstehen.			
Lesen Kann literarische und andere erzählende und beschreibende Texte lesen und verstehen.			
Schreiben *Schreibt Erzähltexte.* Schreibt Texte verschiedener Genres. Kann schriftlich Informationen einfordern.			

☺ = kann, 😐 = auf gutem Weg, ☹ = unsicher

_____   _____
Unterschrift Pädagoge   *Datum*

© Verlag an der Ruhr ▫ Postfach 10 22 51 ▫ 45422 Mülheim an der Ruhr ▫ www.verlagruhr.de ▫ ISBN 978-3-8346-0261-9

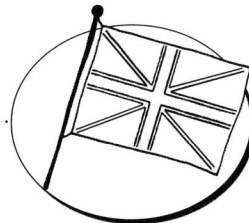

© Verlag an der Ruhr ▣ Postfach 10 22 51 ▣ 45422 Mülheim an der Ruhr ▣ www.verlagruhr.de ▣ ISBN 978-3-8346-0261-9

Ziele	Kriterien
Sprechen Kann über etwas Gehörtes, Gelesenes oder Gesehenes berichten.	Du berichtest z.B. über ein Buch, einen Film, ein Theaterstück oder einen Vortrag und benutzt dazu eine variierende Sprache, ohne unnötige Wiederholungen. Du reflektierst über den Inhalt und kannst deine persönliche Meinung darüber äußern.
Kann im Gespräch seine Meinung sagen und vertreten.	Du kannst mit anderen sprechen und sagen, was du denkst und warum du so denkst.
Kann eine Instruktion erteilen.	Du kannst z.B. den Weg von einem Ort zu einem anderen beschreiben, erklären, wie etwas funktioniert, wie ein Spiel gespielt wird. Du passt die Sprache dem Empfänger an.
Kann Informationen einholen.	Du kannst etwas erfahren, indem du passende Fragen stellst, z.B. um eine Straße zu finden, oder wie etwas funktioniert.
Hörverständnis Erkennt deutlich gesprochene Sprache in verschiedenen Zusammenhängen ohne Vorbereitung.	z.B. Nachrichten im Fernsehen oder Radio.
Kann eine Instruktion verstehen.	Du verstehst und kannst die Anweisung ausführen, z.B. eine Wegbeschreibung, Spielregeln oder eine Gebrauchsanweisung.
Lesen Kann literarische und andere erzählende und beschreibende Texte lesen und verstehen.	Du kannst Texte verschiedener Art lesen, um zu Informationen zu gelangen, um Wissen anzueignen oder etwas zu erleben. Du liest und bearbeitest den Inhalt, z.B. durch eine Rezension, die persönliche Reflexionen enthält. Du benutzt beim Lesen verschiedene Hilfsmittel. Du reflektierst darüber, wie du lernst.
Schreiben *Schreibt Erzähltexte.*	Die Erzählung enthält z.B. detaillierte Angaben zum Ort der Handlung und den Personen und hat eine variierende Wortwahl.
Kann schriftlich Informationen einfordern.	z.B. per E-Mail.

Name: _____

Schuljahr: _____

	Schüler	Pädagoge	IEP/Portfolio
Sprechen Kann eine Ansicht äußern und bei interessanten Fragen argumentieren. Kann Träume, Wünsche und Visionen ausdrücken. Kann die Sprache in verschiedenen Situationen benutzen. Kann einen Vortrag über ein Thema halten.			
Hörverständnis Versteht deutliche Sprache, auch regional gefärbte, in verschiedenen Zusammenhängen.			
Lesen Kann argumentierende Texte lesen und verstehen.			
Schreiben *Kann einen argumentierenden Text schreiben.*			

☺ = kann, ☺ = auf gutem Weg, ☹ = unsicher

_____ _____
Unterschrift Pädagoge *Datum*

© Verlag an der Ruhr ▣ Postfach 10 22 51 ▣ 45422 Mülheim an der Ruhr ▣ www.verlagruhr.de ▣ ISBN 978-3-8346-0261-9

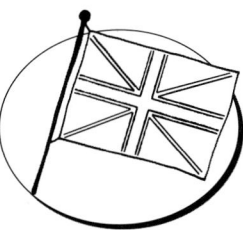

© Verlag an der Ruhr ▣ Postfach 10 22 51 ▣ 45422 Mülheim an der Ruhr ▣ **www.verlagruhr.de** ▣ ISBN 978-3-8346-0261-9

Ziele	Kriterien
Sprechen	
Kann eine Ansicht äußern und bei interessanten Fragen argumentieren.	Du kannst über eine vorgegebene Frage debattieren und verschiedene sprachliche Strategien anwenden, z.B. mit verschiedenen Worten beschreiben oder mit der Körpersprache verdeutlichen. Du kannst in einer höflichen Weise dafür und dagegen diskutieren.
Kann Träume, Wünsche und Visionen ausdrücken.	Du kannst in einer variierenden Sprache über deine Träume und deine Pläne für die Zukunft sprechen.
Kann die Sprache in verschiedenen Situationen benutzen.	Du kannst z.B. ein Problem erklären und darüber diskutieren, wie man es lösen könnte. Du kannst mit Menschen aus verschiedenen Ländern kommunizieren, wo Englisch gesprochen wird, um etwas über die dortige Lebenssituation zu erfahren.
Kann einen Vortrag über ein Thema halten.	Du hast einen guten Sprachfluss, eine gute Intonation und verwendest eine grammatikalisch richtige Sprache.
Hörverständnis	
Versteht deutliche Sprache, auch regional ge-färbte, in verschiedenen Zusammenhängen.	Du verstehst das Englisch, welches in den verschieden Teilen der Englisch sprechenden Welt gesprochen wird.
Lesen	
Kann argumentative Texte lesen und verstehen.	Du liest Texte und überdenkst die Argumente.
Schreiben	
Kann einen argumentierenden Text schreiben.	Im Text formulierst du deine Ansichten und erläuterst sie. Du hast einen guten sprachlichen Fluss und überarbeitest deinen Text, um sprach-lich so korrekt wie möglich zu sein. Bei Bedarf benutzt du Hilfsmittel, z.B. Grammatikbücher und Lexika.

Motorik
Stufe 1

Name: _____

Geburtsdatum: _____

	Datum	Pädagoge	IEP/Portfolio
Grobmotorik Kriecht. Kann sich in die Hocke setzen und wieder aufrichten. Kann einen Ball mit dem Fuß kicken. Hüpft auf beiden Beinen, wenn es an den Händen gehalten wird. Geht im Wechselschritt die Treppe hoch. Kann sich beim Fallen aufstützen.			
Feinmotorik Greift mit Pinzettengriff. Rollt einen großen Ball, ohne ein bestimmtes Ziel zu haben. Baut einen Turm aus fünf Bauklötzen. Pustet.			
Wahrnehmung Klatscht in die Hände. Zeigt mit dem Zeigefinger. Ahmt einige Bewegungen nach. Klettert auf einen Stuhl und wieder herunter. Kann Gegenstände in Büchern erkennen und zeigen. Kennt zehn verschiedene Körperteile. Befolgt Aufforderungen. Hört zu.			

☺ = kann, ☺ = auf gutem Weg, ☹ = unsicher

_____   _____
Unterschrift Pädagoge   *Datum*

© Verlag an der Ruhr ▣ Postfach 10 22 51 ▣ 45422 Mülheim an der Ruhr ▣ www.verlagruhr.de ▣ ISBN 978-3-8346-0261-9

Individuelle Entwicklungspläne

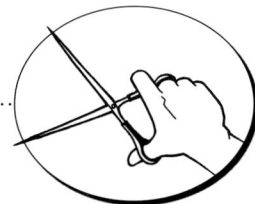

Ziele	Kriterien
Grobmotorik Geht im Wechselschritt die Treppe hoch.	Mit Hilfe des Treppengeländers.
Feinmotorik Greift mit Pinzettengriff. Pustet.	z.B. eine Rosine nach der anderen nehmen, Knopfpuzzle z.B. eine Kerze auspusten, Wattebällchen pusten.
Wahrnehmung Ahmt einige Bewegungen nach. Kennt zehn verschiedene Körperteile. Befolgt Aufforderungen.	Mit den Füßen aufstampfen oder winken. Man fragt: *Wo ist dein Mund?* usw. Man bittet: *Hole deinen …*

© Verlag an der Ruhr ▫ Postfach 10 22 51 ▫ 45422 Mülheim an der Ruhr ▫ www.verlagruhr.de ▫ ISBN 978-3-8346-0261-9

Stufe 2

Name: _____

Geburtsdatum: _____

	Datum	Pädagoge	IEP/Portfolio
Grobmotorik Fährt draußen Dreirad. Schlängelt sich auf dem Fußboden. Kann selbst schaukeln und beschleunigen. Rollt beim Gehen die Füße ab. Kann auf beiden Beinen hüpfen. Kann auf einer breiten Linie balancieren. Kann sich drehen.			
Feinmotorik Kann in ein Glas eingießen. Kann einen Turm aus acht Bauklötzen bauen. Kann einen großen Ball fangen.			
Wahrnehmung Kann verschiedene Sachen unterscheiden, ohne sie zu sehen. Kann Seiten einzeln in einem Buch umblättern. Kennt den Unterschied zwischen warm und kalt. Kann zwanzig verschiedene Körperteile benennen. Weiß, ob es Mädchen oder Junge ist. Kann die Farben rot, gelb, grün, blau, schwarz und rot unterscheiden.			

☺ = kann, 😐 = auf gutem Weg, ☹ = unsicher

Unterschrift Pädagoge   _Datum_

© Verlag an der Ruhr ▫ Postfach 10 22 51 ▫ 45422 Mülheim an der Ruhr ▫ www.verlagruhr.de ▫ ISBN 978-3-8346-0261-9

Individuelle Entwicklungspläne

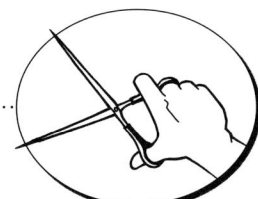

© Verlag an der Ruhr ▫ Postfach 10 22 51 ▫ 45422 Mülheim an der Ruhr ▫ www.verlagruhr.de ▫ ISBN 978-3-8346-0261-9

Ziele	Kriterien
Grobmotorik	
Fährt draußen Dreirad.	Kann selbst treten und lenken.
Kann selbst schaukeln und beschleunigen.	Stehend und sitzend.
Rollt beim Gehen die Füße ab.	Rollt von der Ferse zu den Zehen ab.
Kann auf beiden Beinen hüpfen.	Hüpft vorwärts.
Kann auf einer breiten Linie balancieren.	Auf einer Linie auf dem Fußboden oder auf dem schmalen Rand des Sandkastens.
Kann sich drehen.	Auf der Schaukel oder im Stehen.
Feinmotorik	
Kann in ein Glas eingießen.	Trifft das Glas und merkt, wann es voll ist.
Kann einen großen Ball fangen.	Der Ball wird an der Brust gefangen.
Wahrnehmung	
Kann verschiedene Sachen unterscheiden, ohne sie zu sehen.	Fünf Sachen.
Kann die Farben rot, gelb, grün, blau, schwarz und rot unterscheiden.	Weiß aber nicht, wie sie heißen.

Stufe 3

Name: _____

Geburtsdatum: _____

	Datum	Pädagoge	IEP/Portfolio
Grobmotorik Hüpft weit. Läuft mit weichen Bewegungen. Kann auf einem Bein stehen. Kann auf einem Bein vorwärts hüpfen. Kann wie ein Erwachsener aus der Rückenlage aufstehen.			
Feinmotorik Die Bewegungen im Handgelenk und in den Fingern werden allmählich weicher. Kann einen großen Ball fangen. Kann einen kleinen Ball fangen. Kann sich selbst anziehen. Kann entlang einer geraden Linie schneiden.			
Wahrnehmung Kann mit geschlossenen Augen fühlen, wo es am Körper berührt wird. Kann unter einem Hindernis hindurch kriechen, ohne sich zu stoßen. Kann verschiedene Gewichte unterscheiden (leicht/schwer). Kann Bewegungen nachahmen. Kann sich ausstrecken und zusammenkauern. Kennt die Grundfarben sowie schwarz und weiß. Kann sich einen Satz aus acht Wörtern merken und wiederholen.			

☺ = kann, 😐 = auf gutem Weg, ☹ = unsicher

Unterschrift Pädagoge   _Datum_

© Verlag an der Ruhr ▫ Postfach 10 22 51 ▫ 45422 Mülheim an der Ruhr ▫ www.verlagruhr.de ▫ ISBN 978-3-8346-0261-9

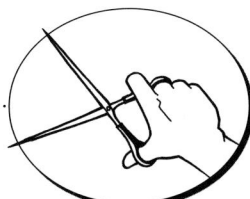

Ziele	Kriterien
Grobmotorik	
Hüpft weit.	Ungefähr 40 cm.
Kann auf einem Bein stehen.	Die Knie berühren sich nicht, 3–5 Sekunden.
Kann auf einem Bein vorwärts hüpfen.	3–4 Hüpfer.
Kann wie ein Erwachsener aus der Rückenlage aufstehen.	Mit Unterstützung beider Hände, nicht rollend.
Feinmotorik	
Die Bewegungen im Handgelenk und in den Fingern werden allmählich weicher.	Malt stehend an der Staffelei mit dem Pinsel, ohne zu fest aufzudrücken.
Kann einen großen Ball fangen.	Mit vorgehaltenen Armen und gespreizten Händen.
Kann einen kleinen Ball fangen.	Vor der Brust.
Kann sich selbst anziehen.	Ohne die Anforderung zuzuknöpfen, zu knoten oder den Reißverschluss hoch zu ziehen.
Wahrnehmung	
Fühlt verschiedene Gewichte.	Beim Wiegen in den Händen, z.B. Obst oder Gewichte.
Kann sich ausstrecken und zusammenkauern.	Stehend oder liegend.

© Verlag an der Ruhr ▣ Postfach 10 22 51 ▣ 45422 Mülheim an der Ruhr ▣ **www.verlagruhr.de** ▣ ISBN 978-3-8346-0261-9

Motorik
Stufe 4

Name: _____

Geburtsdatum: _____

	Datum	Pädagoge	IEP/Portfolio
Grobmotorik Kann 10 Sekunden lang auf einem Bein stehen. Kann 15 Mal auf der Stelle hüpfen. Kann auf den Zehen, Fersen und Fußkanten gehen.			
Feinmotorik Kann mit Messer und Gabel essen. Kann den Daumen gegen die Fingerspitzen setzen. Kann einen Ball gegen die Wand werfen und ihn dann wieder auffangen. Kann allein zur Toilette gehen. Kann Zickzack, Kreise, Wellen und Linien schneiden. Kann sich die Schuhe zubinden. Kann sich allein an- und ausziehen.			
Wahrnehmung Kann ohne zu sehen Formen unterscheiden. Kann ein Spiel zu Ende spielen. Kann die Mitte des Raumes zeigen. Kann eine kurze Geschichte wiedererzählen, kurz nachdem sie gehört wurde. Kann sich überlappende Formen erkennen.			

☺ = kann, 😐 = auf gutem Weg, ☹ = unsicher

_____   _____
Unterschrift Pädagoge   *Datum*

© Verlag an der Ruhr ▪ Postfach 10 22 51 ▪ 45422 Mülheim an der Ruhr ▪ www.verlagruhr.de ▪ ISBN 978-3-8346-0261-9

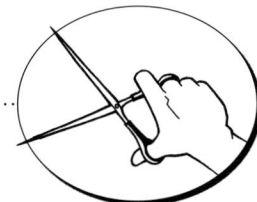

Ziele	Kriterien
Grobmotorik Kann 10 Sekunden lang auf einem Bein stehen. Kann 15 Mal auf der Stelle hüpfen.	Ohne zu wackeln, die Knie berühren sich nicht, mit beiden Beinen. Auf beiden Beinen.
Feinmotorik Kann sich allein an- und ausziehen.	Anforderung: zuknöpfen und Reißverschluss schließen.
Wahrnehmung Kann ohne zu sehen Formen unterscheiden. Kann ein Spiel zu Ende spielen. Kann mindestens sechs Farbnuancen benennen. Kann sich überlappende Formen erkennen.	Viereck, Quadrat, Dreieck und Kreis. Kann sich während des ganzen Spiels konzentrieren, bis alle Teilnehmer fertig sind. z.B. rosa, orange, grau usw. z.B. Dreieck und Kreis.

© Verlag an der Ruhr ▫ Postfach 10 22 51 ▫ 45422 Mülheim an der Ruhr ▫ www.verlagruhr.de ▫ ISBN 978-3-8346-0261-9

Weitere Formulare

Die Fotogalerie

Name: _____

_____

_____

_____

_____

_____

_____

_____

_____

_____

_____

_____

_____

_____

© Verlag an der Ruhr ▣ Postfach 10 22 51 ▣ 45422 Mülheim an der Ruhr ▣ www.verlagruhr.de ▣ ISBN 978-3-8346-0261-9

Für meinen IEP-Ordner
(Motivationsetiketten)

Das verdient einen Platz
in meinem IEP-Ordner, weil:

_____

_____

_____

_____

_____

_____

Stufe: _____

Ziel: _____

Datum: _____

Das verdient einen Platz
in meinem IEP-Ordner, weil:

_____

_____

_____

_____

_____

_____

Stufe: _____

Ziel: _____

Datum: _____

Das verdient einen Platz
in meinem IEP-Ordner, weil:

_____

_____

_____

_____

_____

_____

Stufe: _____

Ziel: _____

Datum: _____

Das verdient einen Platz
in meinem IEP-Ordner, weil:

_____

_____

_____

_____

_____

_____

Stufe: _____

Ziel: _____

Datum: _____

© Verlag an der Ruhr ▢ Postfach 10 22 51 ▢ 45422 Mülheim an der Ruhr ▢ www.verlagruhr.de ▢ ISBN 978-3-8346-0261-9

Name: _____

© Verlag an der Ruhr ▣ Postfach 10 22 51 ▣ 45422 Mülheim an der Ruhr ▣ www.verlagruhr.de ▣ ISBN 978-3-8346-0261-9

Literatur

Bostelmann, Antje (Hrsg.):
Das Portfolio-Konzept in der Grundschule.
Individualisiertes Lernen organisieren.
Verlag an der Ruhr, 2006. ISBN 978-3-8346-0137-7

Bostelmann, Antje (Hrsg.):
Das Portfolio-Konzept für Kita und Kindergarten.
Verlag an der Ruhr, 2007. ISBN 978-3-8346-0199-5

Krok, Göran / Lindewald, Maria:
Portfolios im Kindergarten – das schwedische Modell
Lernschritte dokumentieren, reflektieren, präsentieren.
Verlag an der Ruhr, 2007. ISBN 978-3-8346-0242-8

Scianna, Rosetta:
So geht das! Bewertung im offenen Unterricht.
Leistungsbewertung als Förderinstrument.
Verlag an der Ruhr, 2004. ISBN 978-3-86072-861-1

Shores, Elizabeth F./Grace, Cathy:
Das Portfolio-Buch für Kindergarten und Grundschule.
Verlag an der Ruhr, 2005. ISBN 978-3-86072-943-4

Wiedenhorn, Thomas:
Das Portfolio-Konzept in der Sekundarstufe.
Individualisiertes Lernen organisieren.
Verlag an der Ruhr, 2006. ISBN 978-3-8346-0152-0

Internettipps

www.gew.de/Bildungsbereiche
Seite mit Infos zu den Bildungsbereichen und zur Kindergartenpädagogik.

www.portfolio-schule.de
Forum für Pädagogen, die mit Portfolios arbeiten oder arbeiten wollen.

www.verlagruhr.de _____
Die in diesem Werk angegebenen Internetadressen haben wir geprüft
(Stand März 2007). Da sich Internetadressen und deren Inhalte schnell
verändern können, ist nicht auszuschließen, dass unter einer Adresse
inzwischen ein ganz anderer Inhalt angeboten wird. Wir können daher
für die angegebenen Internetseiten keine Verantwortung übernehmen.

Verlag an der Ruhr

Postfach 10 22 51
45422 Mülheim an der Ruhr

Alexanderstraße 54
45472 Mülheim an der Ruhr

Telefon 02 08/495 04 900
Fax 02 08/495 04 295

bestellung@verlagruhr.de
www.verlagruhr.de

■ **Bildungsarbeit mit Kindern:**
   Lernen ja – Verschulung nein!

Lothar Krappmann, Gerold Scholz (Hrsg.)
3–10 J., 129 S., 16 x 23 cm, Paperback
ISBN 978-3-8346-0211-4
Best.-Nr. 60211
9,80 € (D)/10,10 € (A)/17,30 CHF

So geht das
■ **Bewertung im Offenen Unterricht**

Leistungsbeurteilung als Förderinstrument
Rosetta Scianna
Kl. 5–10, 112 S., A5, Paperback mit CD
ISBN 978-3-86072-861-1
Best.-Nr. 2861
12,80 € (D)/13,15 € (A)/23,– CHF

■ **Das Portfolio-Konzept**
   in der Grundschule

Individualisiertes Lernen organisieren
Antje Bostelmann (Hrsg.)
Kl. 1–4, 129 S., A4, Paperback, vierfarbig
ISBN 978-3-8346-0137-7
Best.-Nr. 60137
19,50 € (D)/20,– € (A)/34,20 CHF

■ **Das Portfolio-Buch**
   für Kindergarten
   und Grundschule

Cathy Grace, Elizabeth F. Shores
4–10 J., 137 S., A4, Paperback
ISBN 978-3-86072-943-4
Best.-Nr. 2943
19,50 € (D)/20,– € (A)/34,20 CHF

■ **Das Portfolio-Konzept für Kita**
   und Kindergarten

Antje Bostelmann (Hrsg.)
3–6 J., 129 S., A4, Paperback, vierfarbig
ISBN 978-3-8346-0199-5
Best.-Nr. 60199
19,50 € (D)/20,– € (A)/34,20 CHF

■ **Das Portfolio-Konzept**
   in der Sekundarstufe

Individualisiertes Lernen organisieren
Thomas Wiedenhorn
Kl. 5–13, 98 S., A4, Paperback, zweifarbig
ISBN 978-3-8346-0152-0
Best.-Nr. 60152
19,50 € (D)/20,– € (A)/34,20 CHF

■ **Arbeiten mit Portfolios**

Schüler fordern, fördern und fair beurteilen
Shirley-Dale Easley, Kay Mitchell
Für alle Schulstufen, 153 S., 16 x 23 cm, Paperback
ISBN 978-3-86072-869-7
Best.-Nr. 2869
14,80 € (D)/15,20 € (A)/26,10 CHF

■ **Portfolios im Kindergarten –**
   das schwedische Modell

Lernschritte dokumentieren, reflektieren,
präsentieren
Göran Krok, Maria Lindewald
3–6 J., 121 S., 16 x 23 cm, Paperback
ISBN 978-3-8346-0242-8
Best.-Nr. 60242
12,80 € (D)/13,15 € (A)/23,– CHF

Schüler individuell fördern